FRAUENSPIELZEUG

HELGE JEPSEN

FRAUENSPIELZEUG

EINE BEINAHE VOLLSTÄNDIGE SAMMLUNG
LEBENSNOTWENDIGER DINGE

cadeau

1. Auflage 2010
Copyright © 2010 by Hoffmann und Campe Verlag, Hamburg
www.hoca.de
Text und Illustration: Helge Jepsen
Druck und Bindung: Offizin Andersen Nexö, Leipzig
Printed in Germany
ISBN 978-3-455-38079-8

Ein Unternehmen der
GANSKE VERLAGSGRUPPE

INHALT

Vorwort 7
Automobil 8-9
Badewanne 10-11
Besteck 12-13
Blume 14-15
Buch 16-17
Creme 18-19
Dessous 20-21
Diamant 22-23
Fahrrad 24-25
Fernsehen 26-27
Fusselentferner 28-29
Haare 30-31
Handtasche 32-33
Horoskop 34-35
Ikea 36-37
Jeans 38-39
Katze 40-41
Kerze 42-43
Kleines Schwarzes 44-45
Kreditkarte 46-47
Küche 48-49
Laptop 50-51
Lippenstift 52-53
Maniküre 54-55
Massage 56-57
Milchschaum 58-59
Mobiltelefon 60-61
Motorroller 62-63
Musik 64-65
Organizer 66-67
Parfum 68-69

Perle 70-71
Pferd 72-73
Picknick 74-75
Portemonnaie 76-77
Porzellan 78-79
Royals 80-81
Schal 82-83
Schaumwein 84-85
Schokolade 86-87
Schuhe 88-89
Sonnenbrille 90-91
Spielfilm 92-93
Stiefel 94-95
Stift 96-97
Strumpf 98-99
Sushi 100-101
Tanzen 102-103
Tee 104-105
Trenchcoat 106-107
Uhr 108-109
Vibrator 110-111
Wärmflasche 112-113
Wasser 114-115
Wimpern 116-117
Zeitschrift 118-119
Schlussworte 121
Test: Wie viel Frau bin ich? 122-123
Notizen 124-126
Danke 127
Index 128

VORWORT

Um allen Erwartungen, die mein für beide Geschlechter üblicher Vorname zulässt, direkt Einhalt zu gebieten:
Ich bin ein Mann.
Und zwar einer, der Frauen liebt, sie aber leider/Gott sei Dank nicht hundertprozentig versteht – und der sich trotzdem erdreistet, ein Buch über Frauenspielzeug zu verfassen.
Und da ich es nicht übers Herz bringe, meine männliche Sichtweise komplett über Bord gehen zu lassen, es aber ebenso wenig angehen kann, ein solches Buch ganz allein zu machen, galt es, einen weiblichen Lotsen anzuheuern, der das schwierige Thema sicher um alle Untiefen und an allen Klippen vorbeischifft. Julia Giordano, Frau durch und durch, hat sich den staunenden Autor geschnappt und ihm vom Rätselhaften im Umgang der Frauen mit den schönen Dingen des Lebens berichtet.
Woher soll denn der Mann auch wissen, dass neben dem Autoschlüssel NICHT noch das dazugehörige Fahrzeug in den unendlichen Weiten einer Damenhandtasche verschwinden kann.
Dass Schuhe nun wirklich nicht ausschließlich den Zweck haben, Füße zu wärmen oder sie über schwieriges Geläuf zu transportieren.
Dass eine Jacke auch dann sinnvoll ist, wenn sie alle empfindlichen Körperteile wie Bauch, Hüfte oder Hals nicht bedeckt.
Dass Autos lieber eine einstellige PS-Zahl haben dürfen, als nicht „süß" oder „schnuckelig" zu sein.
Warum das „Kirschrot" von Chanel eintausendmal besser ist als das von Yves Saint Laurent (oder umgekehrt), wo selbst das geschulte Auge eines Graphikers auch nach intensivstem Betrachten nicht den Hauch eines Unterschiedes sieht.
Man verzeihe mir also vorab die eine oder andere naive Betrachtung, die aber niemals böse gemeint ist, sondern aus purem Unwissen und mit verdutzt männlichem Blick gemacht wurde.

AUTOMOBIL

Frauen mögen Autos, aber anders als für Männer sind für sie die Außenfarbe, die Form und das Interieur wichtiger als PS und Reifenbreite. „Steht mir das Milchkaffeebraun?" oder „Hab ich passende Schuhe zu meinem Auto?" sind durchaus häufig gestellte Fragen beim Kauf, auch das Interieurdesign ist von entscheidender Bedeutung. Denn für Frauen ist das Kraftfahrzeug eines von sehr vielen Accessoires und wird teilweise genau so gehandhabt wie beispielsweise die Handtasche: Im Koffer- und auch im Fußraum werden bequeme (Ersatz-)Schuhe, Schals und Jäckchen für plötzliche Kälteeinbrüche, Trinkwasser für Staus oder Durstattacken, Sportkleidung bis zum nächsten Training und durchaus auch das eine oder andere Mülltütchen aus früheren Autoaufräumaktionen aufbewahrt.

Das ultimative Fahrgefühl wird dem Großteil der Frauen allerdings durch Cabriolets vermittelt, was sicherlich damit zu tun hat, dass es sich unendlich gut anfühlt, wenn der Sommerwind Streicheleinheiten an die Haut verteilt und diese praktischerweise nebenbei auch noch naturbräunt.

Frauen wählen dann auch gern passend zum Interieur und als Hommage an Grace Kelly ein passendes Kopftuch, um dem einzigen negativen Aspekt bei Cabrios – dem Zerstören der Frisur – entgegenzuwirken.

Aber es müssen nicht zwingend offene Autos sein, die von Frauen geliebt werden, wichtig ist, dass sie irgendwie mit dem Attribut „süß" oder „niedlich" versehen werden, was für aktuelle wie längst nicht mehr gebaute Fahrzeuge gleichermaßen gilt.

So sind es nicht ohne Grund bei einem Großteil der Frauen die eher kleineren Modelle, die am liebsten bewegt werden: Fiat 500, Mini oder Käfer, allesamt sowohl als Neufahrzeug oder als Oldtimer, sind auch deswegen so beliebt, weil sie, egal aus welchem Jahrzehnt sie stammen, schon immer in allen möglichen Farben hergestellt wurden und somit den Frauen die Wahl ihres Fahrzeugs enorm erleichtern.

Beschleunigungswerte und Höchstgeschwindigkeit sind zwar eher nicht die ausschlaggebenden Kriterien für den Autokauf, sie werden aber auch für Frauen immer wichtiger, weswegen mehr und mehr bullige Jeeps und Coupés der Luxusklasse und Gott sei Dank kaum noch Autos mit Teddygesichtfelgen und Wimpernscheinwerfern von Frauen pilotiert werden.

Nach meiner Erfahrung allerdings ist ein Auto in den Augen vieler Frauen vor allem das fahrbare, regenabweisende Etwas, das um eine Sitzheizung herum gebaut wurde ...

VW KARMANN GHIA
1970

BADEWANNE

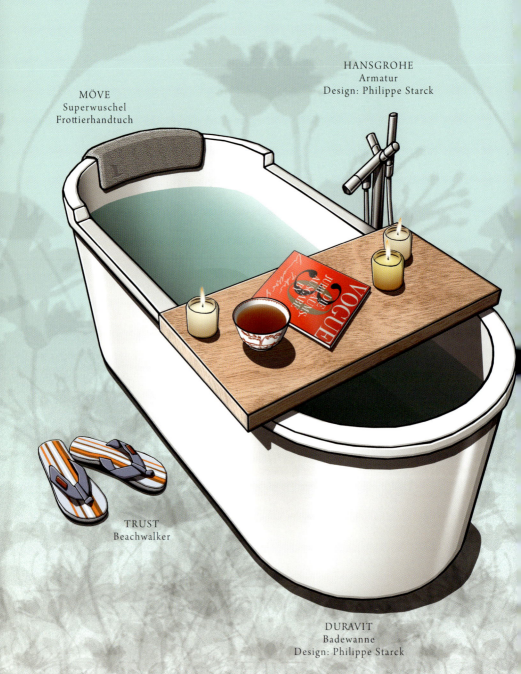

BADEWANNE

„Wenn eine Frau in der Badewanne liegt, wird sie von der Katze bewundert!" – behauptet meine Spielzeugberaterin.
Und hinter diesem kleinen Satz steckt sehr viel mehr Wahrheit, als zunächst vermutet werden könnte.
Denn tatsächlich sehen alle Frauen in Badewannen hinreißend aus, was unter anderem das deutlich höhere Aufkommen von gemalten Badenden im Vergleich zu Duschenden erklärt. Das Bad an sich ist fast ein Synonym für Schönheit, es wird inszeniert mit Kerzen, Heiß- oder Kaltgetränken, die Frau nimmt sich Lektüre mit und gönnt sich mit jedem Bad ein Stück Luxus. Denn die geschlossene Badezimmertür signalisiert auch dem Partner, dass er während der Zeremonie nichts im Bad zu suchen hat.
Gerade für Mütter ist die Wanne und die darin verbrachte Zeit oft die einzige wirkliche Rückzugsmöglichkeit, die ohne Gezeter oder Gefrage uneingeschränkt akzeptiert wird.
Das Badezimmer ist zudem eine Art begehbarer Tresor, der all die kleinen Schönheitsgeheimnisse der Frau in Schränken und Schubladen versteckt, die bei ausgedehnten Bädern und der daran anschließenden Eincreme- und Pflegeaktionen verborgen vor den Männeraugen zum Einsatz kommen.
Denn wenn Frauen, auch geschichtlich gesehen, eines schon immer durften, dann war es, sich Zeit für ihre Schönheit zu nehmen. Und kein Mann auf der ganzen Welt wird auf die Uhr zeigen, wenn die Frau nach Stunden aus dem Bad kommt und strahlt wie der junge Morgen.
Denn irgendwie begreifen wir Männer intuitiv, dass ein Bad uns ebenfalls sehr guttut – und das sogar, wenn wir es noch nicht einmal selber genommen haben!
Und auch wenn ich kein großer Katzenfreund bin, in Bezug auf den Eingangssatz muss ich zugeben: Manchmal wär ich gerne eine, die dann ungestraft die Enklave Bad betreten dürfte – und ganz sicher würde ich die Dame ebenso bewundern!

BESTECK

ROBBE & BERKING
Dante
Silberbesteck

HIMLA
„Ebba" – Tischdecke/
Serviette

BESTECK

Wohl jeder hat mindestens ein Erbstück im Besteckkasten, mal ist es der Max-und-Moritz-Schieber, der silberne Kasperl-Teelöffel, den es zur Taufe gab, oder es sind Reststücke des großmütterlichen Erbgutes. In den Schubladen kommender Generationen werden dann wohl Diddl-Gabeln neben Lillifee-Löffeln liegen.

Was dem Araber die Kamele waren, das waren dem kleinbürgerlichen deutschen Spießer die Bestecke. Besaß eine Frau ein schönes, teures, geerbtes Silberbesteck, so begründete dies ihren Wert, auch auf dem Heiratsmarkt. Das ist heutzutage Gott sei Dank Vergangenheit.

Dennoch ist es für jede Frau eine Freude, ihr vierundzwanzigteiliges Silbersbesteck zu besitzen, zu benutzen und es natürlich hin und wieder auch zu putzen, wobei das Polieren nicht der eigentliche Spaß ist, sondern das anschließende Betrachten der wieder strahlenden und glänzenden Messer, Gabeln, Löffel, Suppenkellen und Tortenheber.

Und natürlich das Anfassen. Denn gute Bestecke, wie sie z.B. die Traditionsunternehmen BSF, Zwilling, Pott, Georg Jensen oder Robbe & Berking seit Generationen herstellen, sehen nicht nur gut aus, sie liegen auch hervorragend in der Hand, sie schmeicheln ihr geradezu. Deswegen sind klassische Designs nach wie vor die beliebtesten, denn allzu moderne Formen sehen zwar oft sehr elegant aus, sind aber hin und wieder für den eigentlichen Zweck, also damit essen zu können, nachgerade ungeeignet.

Da gibt es Suppenlöffel, die einer Schaufel gleichen und maximal zwei bis drei Tropfen zum Mund zu transportieren imstande sind. Da gibt es Besteckgriffe, die zwar mit ihren strohhalmschlanken Griffen hübsch anzuschauen sind, aber derart schlecht in der Hand liegen, dass das erlesenste Mahl mit ihnen zur Tortur wird. Man sollte also möglichst nie aus den Augen verlieren, dass der gedeckte und fein dekorierte Tisch spätestens ab dem Moment der Vorsuppe auch zu einer Arbeitsplatte mit bestenfalls hervorragend funktionierendem Werkzeug wird.

Frauen sind wie in vielen Lebensbelangen auch hier schneller als die Männer und besitzen ihre Komplettausstattung im Schnitt zehn Jahre früher als Männer und haben sich diese heutzutage meist selbst gekauft oder die fehlenden Erbstücke peu à peu bis zur Vollständigkeit ergänzt.

GEORG JENSEN
Tortenheber

BLUME

TULPEN
aus Amsterdam

BLUME

Frauen lieben schöne Dinge – und Blumen bieten alles, was dazugehört: Sie haben meist feinziselierte Formen, leuchtende Farben und duften bestenfalls betörend. Sie sind ein wichtiges Deko-Element in den eigenen vier Wänden, vermitteln ganzjährig Frühlingsflair und verleihen der Wohnung oder dem Arbeitsplatz stets etwas Frisches, Reines.
Frauen kaufen sich regelmäßig selbst Blumen, und nicht immer ist das ein Wink mit dem berühmten Zaunpfahl in Richtung des Lebensabschnittsgefährten, sondern oft einfach Selbstbelohnung nach erfolgreichen Tagen.
Der Mann allerdings sollte möglichst direkt nach dem Kennenlernen herausfinden, welche Blumen der Herzensdame gefallen und welche nicht – und sich das bitte, auch wenn's uns Männern schwerfällt, auf ewig merken. Wer immer wieder eine einzelne rote Rose schenkt, um Missstimmung zu egalisieren, und dabei konsequent vergisst, dass die Beschenkte Rosen hasst, der bewirkt zu Recht das Gegenteil.
Auch hastig gekaufte „Aral-Gebinde" erfreuen nicht wirklich das Herz der Liebsten, stehen sie doch synonym für „Au Backe, da war doch dicke Luft heut Morgen. Kauf ich mal auf dem Heimweg neben den Kippen noch schnell Blumen!" und somit ebenfalls für „Ich hab den ganzen Tag nicht an dich gedacht und den gestrigen Ärger schlicht verdrängt."!
Fertige Sträuße allerdings sind oft die einzige Möglichkeit für Männer, nicht nur eine Art Blumengestrüpp zusammenzustellen, denn Blumenbinden können wirklich nur Frauen!
Sie betreten einen Blumenladen, in dem es fürs männliche Auge nur so an wunderschönen Sträußen wimmelt, mit denen man blitzschnell den Laden wieder verlassen könnte, stellen dann aber mit geschultem Auge oder angeborenem Können die interessantesten und oft tatsächlich dem Angebotenen gegenüber viel, viel hübscheren Bouquets zusammen.
Frauen kennen gewöhnlich sehr viel mehr Blumen als Männer und wechseln je nach Laune, Wetter oder Jahreszeit ihre Lieblingsblumen, die dann Schwertlilien, Pfingstrosen, Quittenzweige, Strelitzien oder Ranunkeln heißen. Verblüffenderweise treffen oft die Beschreibungen der Lieblingsblume einer Frau auch auf sie selbst zu.
In Bezug auf Blumen, die in Gärten gezogen werden, gibt es in den meisten Haushalten folgende, recht einfache Regel: Der Mann ist fürs Grobe (Rasenmähen, Laubentsorgen, Heckeschneiden) zuständig, und die Frau kümmert sich um die schönen Dinge wie Rosenstöcke oder blühende Büsche. Denn Gärten werden wie Wohnungen eingerichtet, sie passen immer zum Einrichtungsstil, womit wieder einmal bewiesen wäre, dass Frauen es sich überall und immer schön machen.

L. D. BRAITHWAITE
Englische Rose
D. Austin, 1988

BUCH

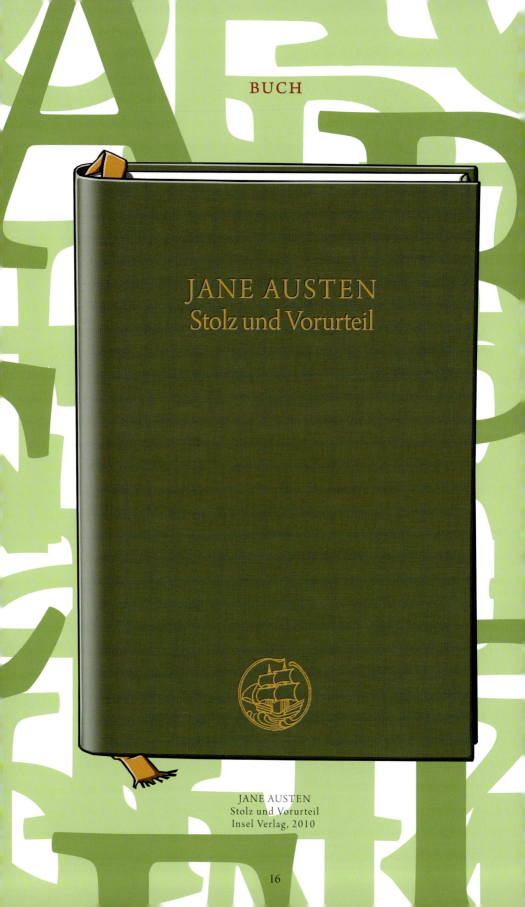

JANE AUSTEN
Stolz und Vorurteil
Insel Verlag, 2010

BUCH

Bücher bedeuten das Einsteigen in Träume, sie sind die Eintrittskarte in fremde Welten, räumlich wie zeitlich, sie sind ein Rückzugsort zu Hause und auch in der Öffentlichkeit.

Ich als Mann weiß allerdings nie, ob die allein schon durch das Lesen eines Buches im Café interessante Frau „Lass mich in Ruhe, ich lese!" aussendet oder „Jetzt frag doch endlich, was das für ein Buch ist!". Denn außer dass Bücher ohnehin schon sehr dekorativ sind – das sieht man in sämtlichen Wohnzeitschriften, in denen irgendwo eine Frau lesend auf einem Sofa abgebildet ist –, sind sie auch eine hervorragend neutrale Ausgangsbasis für intensive und intime Gespräche, die durchaus auch zu längeren Beziehungen werden können. Denn es gilt: Sag mir, was du liest, und ich sag dir, wer du bist.

Was Männer für gewöhnlich erstaunt, schaffen Frauen spielerisch: nämlich sich durch die folgende, von kundiger weiblicher Hand zusammengestellte Liste an Schmökern parallel durchzulesen.

BISS ZUM MORGENGRAUEN, Stephenie Meyer, 2005
BONJOUR TRISTESSE, Françoise Sagan, 1954
BRIDGET JONES. SCHOKOLADE ZUM FRÜHSTÜCK, Helen Fielding, 1996
DAS GEISTERHAUS, Isabel Allende, 1982
DAS LABYRINTH DER WÖRTER, Marie-Sabine Roger, 2010
DER ENGLISCHE PATIENT, Michael Ondaatje, 1992
DER LIEBHABER, Marguerite Duras, 1984
DER MEISTER UND MARGARITA, Michael Bulgakow, 1966
DER TALENTIERTE MR. RIPLEY, Patricia Highsmith, 1955
DIE UNERTRÄGLICHE LEICHTIGKEIT DES SEINS, Milan Kundera, 1984
DOKTOR SCHIWAGO, Boris Pasternak, 1957
EINFACH SO, Lily Brett, 1995
FEUCHTGEBIETE, Charlotte Roche, 2008
GOTTES WERK UND TEUFELS BEITRAG, John Irving, 1985
GUT GEGEN NORDWIND, Daniel Glattauer, 2006
LIEBESLEBEN, Zeruya Shalev, 2000
MIDDLESEX, Jeffrey Eugenides, 2003
NIEMAND IST EINE INSEL, Johannes Mario Simmel, 1975
STOLZ UND VORURTEIL, Jane Austen, 1813
TANTE JULIA UND DER KUNSTSCHREIBER, Mario Vargas Llosa, 1977

MILENA AGUS
Die Frau im Mond
Hoffmann und Campe, 2010

CREME

Die Suche nach der perfekten Creme entspricht der Suche nach dem Heiligen Gral, beide verheißen ewige Jugend.
Kosmetikhersteller und die sie betreuenden Werbeagenturen locken deshalb im Wochentakt mit immer neuen Wundermitteln, die dank Hyaluron, Q10 oder Meeresalgen der Haut und dem dazugehörenden Gesicht zu einem sehr viel jüngeren Aussehen zu verhelfen versprechen.
Cremes sind die Versicherung gegen das Altern, sie sind eine wirksame Geheimwaffe gegen Pickel und sorgen bestenfalls für eine ideale Haut, die im Grunde das wichtigste Kriterium für Schönheit ist.
Im Gegensatz zu den wilden Siebzigern, in denen teils ledern wirkende Bräune signalisieren sollte, dass man der High Society von Sylt oder St. Tropez angehört, wird heute zu Lichtschutzfaktor 50 und mehr gegriffen und eine eher gepflegte Bräune bevorzugt, denn nichts lässt die Haut so sehr altern wie übertrieben genossene Sonne.
Bei den Cremes für Lippen, Beine, Körper, Füße, Hände und Gesicht sind die Preisunterschiede so gewaltig wie die zwischen asiatischen Kleinwagen und italienischen Nobelcabriolets, wobei seltsamerweise oft genug die günstige Discounterhausmarke in Tests gegen die Edelkosmetik gewinnt.
Worin sich wohl alle Frauen einig sind: Die Verpackung muss hübsch sein, sie muss etwas Reinigendes, Frisches vermitteln, und je besser die Verpackung gelungen ist, desto tiefer wird gerne in die Tasche gegriffen. Das Ja- oder TIP-Logo findet man höchst selten auf Cremedöschen.
Einzige Ausnahme im immer edler werdenden Design sind die Öko-Produkte. Die deutsche Traditionsmarke Dr. Hauschka erlebte jüngst einen Siegeszug in Hollywood, wo plötzlich Stars und Sternchen begannen, ungefragt auf Hauschkas Rosencreme zu schwören.
Dass man mit Frauen in puncto Creme nicht einfach alles machen kann, sieht man an meiner Spielzeugberaterin: Wehe, es wurstelt einer an der Rezeptur der jahrelang bewährten Lieblingscreme herum, laut eigener Aussagen wird noch im Laden ein Ausraster par excellence hingelegt – selbst wenn es sich um eine Verbesserung handelt, mit oder ohne Hyaluron (was auch immer das ist).
Es lohnt sich übrigens sehr, das Kleingedruckte in Anzeigen für neue Cremes zu lesen. Da werden dann Tests aufgeführt, bei denen bei zweiunddreißig Frauen eine Hautstraffung um 0,002 Millimeter festgestellt wurde. Leider liest man nie, ob es sich dabei um zweiunddreißig von dreiunddreißig oder um zweiunddreißig von einer Million Frauen handelt – und was genau 0,002 Millimeter Hautstraffung überhaupt ausmachen.

NIVEA Creme 1911

NIVEA Creme 2010

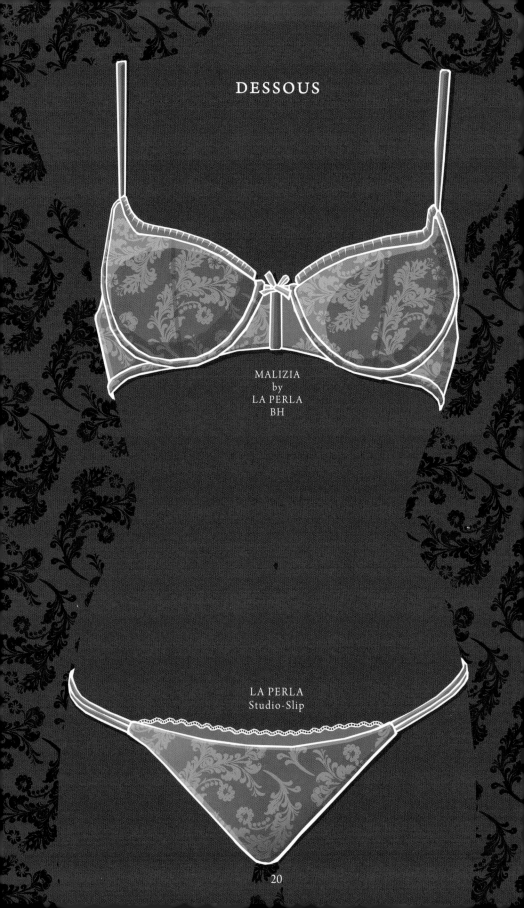

DESSOUS

Laut Duden sind Dessous Kleidungsstücke, die dazu dienen können, den Geschlechtspartner sexuell zu erregen, und die, begrifflich dem Französischen entlehnt, „drunter" getragen werden.
Dass Frauen viel lieber in bequemer Baumwolle herumrennen, wird allerdings ungern zugegeben. Ich habe mir sagen lassen, dass im Grunde nur dann die Reizwäsche drunter getragen wird, wenn sich im Vorfeld schon erahnen lässt, dass man am Abend nicht die einzige Person sein könnte, die die eigene Unterwäsche sieht. Man wappnet sich also für den Fall der Fälle, der aber durchaus auch ein Unfall sein kann: Ganze Kohorten von Großmüttern haben vorsorglich ihren Enkelinnen eingetrichtert, bloß immer schöne, saubere „Schlüpfer" zu tragen, damit nach dem Frontalzusammenstoß der Notarzt denken kann: Der Unterschenkel sieht böse aus – aber der Slip ist bezaubernd!
Obwohl Frauen Dessous oft auch nur für sich tragen, haben sie natürlich hauptsächlich Wirkung auf Männer. Sie bewirken einen aufrechten Gang, was sie auch für Bewerbungsgespräche zu einer Geheimwaffe im eigentlichen Sinne macht, denn nur die Frau weiß, was sie drunter trägt. Ohne die Oberbekleidung sind sie sexy, verführerisch und zeigen schon sehr viel Haut! Und wenn erst mal nur noch die Dessous am Leib sind, dann versteht auch der blindeste Mann, dass die Frau jetzt nicht Monopoly spielen möchte.
Ob Merinounterwäsche, die ja sehr schön warm hält, für ähnliche Hitzewallungen beim Mann sorgt, bleibt unbeantwortet. Ebenso die Frage, ob er sich direkt abwendet, falls ihm beim Öffnen des Wonderbra nicht die erwartete Füllmenge entgegenspringt.
Apropos Unfall und Dessous: 1993 zierte die zu der Zeit sehr wohlgeformte Anna Nicole Smith zahlreiche H&M-Plakate in verführerischster Wäsche/Pose, was dazu führte, dass der eine oder andere vor sich hin tagträumende Autofahrer nicht nur Hupen sah, sondern auch hörte. In vielen Fällen gab's zu dem Hupkonzert auch noch ein Martinshornsolo …

HOUSE INDUSTRIES/AGENT PROVOCATEUR
Agent Provocateur Logo Book & Knickers
2010

DIAMANT

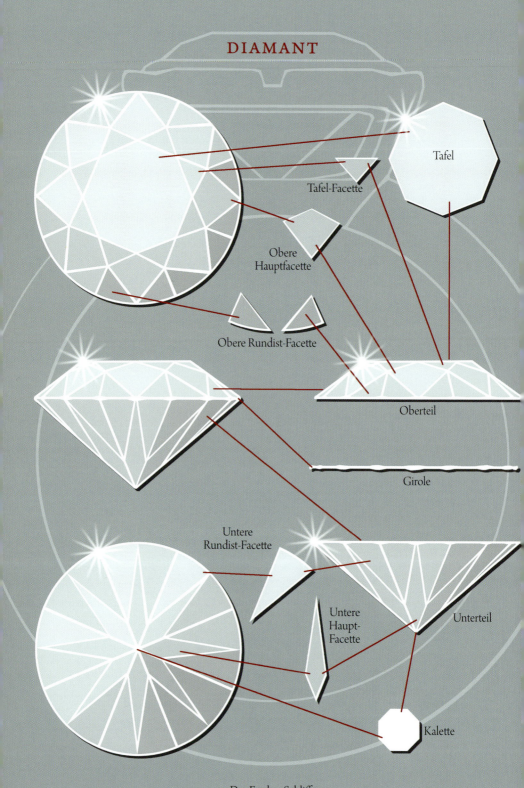

Der Eppler-Schliff

DIAMANT

Der Diamant ist das Symbol für Ewigkeit/ewige Liebe schlechthin, er braucht Jahrtausende, um zu entstehen, und er überdauert uns Menschen und meist auch die Liebe.

Der klassische Verlobungsring, wie er z. B. im Hause Tiffany angeboten wird, ist aus Weißgold oder Platin und mit einem Diamanten zwischen einem halben und einem ganzen Karat bestückt. In den 1950ern galt die Faustregel, er solle den Gegenwert eines Monatsgehaltes des Mannes haben und wird am linken Ringfinger getragen. Heutzutage muss der Mann etwas tiefer in die Tasche greifen, es wird erwartet, dass der Ring durch drei Monatsgehälter finanziert wird.

Das macht Diamanten zu einer Art Trophäe, der Wert/Selbstwert wird allein durch das Tragen gezeigt.

Frauen kaufen sich Diamanten aber auch selbst, wenn sie sich zu Recht für etwas Besonderes belohnen wollen – und gekauft wie geschenkt sagen die getragenen Steine oft mehr als das Kleid, das die Frau trägt.

Wie viele Millionen Richard Burton investierte, um die vielen Trennungen von seiner großen Liebe Elizabeth Taylor in Form von Versöhnungsdiamanten rückgängig zu machen, hat noch niemand zusammengezählt.

Das berühmteste dieser Schmuckstücke ist der sogenannte „Taylor-Burton-Diamant" (240,80 Karat, 1966/Südafrika, zu einem 69-Karat-Stein geschliffen), der in einer Versteigerung für 1.050.000 $ zunächst nicht an Richard Burton ging, sondern an Cartier, den Burton aber direkt im Anschluss an die Auktion für eine sehr viel höhere Summe dem Schmuck- und Modehaus wieder abkaufte. Kommentar Burton: „Wir sind Geschäftsleute, und wir sind glücklich, dass Miss Taylor glücklich ist." Richard Burton, der einerseits immer wieder seine Liebe mit geschenkten Diamanten untermauerte, erklärte in weniger verliebten Momenten Gästen gegenüber das verspätete Erscheinen der Gastgeberin gern damit, dass sie bestimmt noch mit ihren „Steinchen spiele" ...

Welche Damen die wohl größten je gefundenen Diamanten glücklich machten, ist bis auf wenige Ausnahmen nicht bekannt, die unten aufgeführte Liste zeigt allerdings, dass den Klunkern ähnlich illustre Namen wie berühmten Rennpferden verliehen wurden:

CULLINAN, 3106,7 Karat, 1905/Südafrika, EXCELSIOR, 995,2 Karat, 1893/Südafrika, STAR OF SIERRA LEONE, 968,9 Karat, 1972/Sierra Leone, INCOMPARABLE, 890 Karat, 1980/Kongo, GROSSMOGUL, 1650/Indien, GOLDEN JUBILEE, 755 Karat, 1985/Südafrika, PRÄSIDENT VARGAS, 726,8 Karat, 1938/Brasilien, JONKER, 726 Karat, 1934/Südafrika, LESOTHO PROMISE, 603 Karat, 2006/Südafrika, CENTENARY, 599 Karat, 1986/Südafrika.

TIFFANY
Verlobungsring „Bezet"
2010

FAHRRAD

FAHRRAD

Ein Fahrrad muss zu einer Frau passen wie ihre Garderobe. Frauen fragen sich: „Wie sehe ich auf dem Fahrrad aus?", wohingegen Männer eher daran interessiert sind, wie das Fahrrad im angelehnten Zustand am besten aussieht und somit viel besser von den meist in der Nähe sitzenden Kollegen bewundert werden kann. Und während Männer ihre Autos tunen, geben Frauen ihre Räder in Lackierereien, um sie in exakt dem wunderschönen Mercedesgrau zu haben.

Meine Spielzeugberaterin, die nicht sehr groß ist und dem Luxus nicht abgeneigt ist, hat zwar keine Sonderlackierung, dafür aber die Maßanfertigung eines Fahrrades aus dem Hause Wanderer, aus dem nicht nur die für viele Frauen schönsten, sondern auch die technisch besten aller Räder stammen und die perfekt für kleine Frauen sind.

Wer heute in der Stadt Fahrrad fährt, tut der Umwelt einen Gefallen, betätigt sich sportlich und ist an der frischen Luft. Leider Gottes sind die Männer entweder zu sehr in ihre Autos verliebt oder einfach zu faul, aber Fakt ist, dass es nahezu ausschließlich Damenfahrräder sind, die vorne oder hinten einen praktischen Korb angebaut haben und die tatsächlich mit Einkäufen gefüllt werden. Das Männerargument „Mit Auto geht viel schneller" wird angesichts immer weniger werdender freier Parkplätze schon beim Aussprechen ad absurdum geführt.

Ob eine Frau ein sportliches, robustes oder elegantes Rad bevorzugt, im Gegensatz zu den Männern legen Frauen vor allem Wert auf perfekten Kettenschutz. Und der todschicke schwarze Brooks-Ledersattel wird disqualifiziert, weil er anders als sein brauner Bruder auf weiße Jeans abfärbt. Wer auch immer übrigens die akkubetriebene, abnehmbare Beleuchtung erfunden hat, muss wohl noch mal ran – leider passt sie nicht in jede Abendtasche.

GAZELLE
Damen-Hollandrad

FERNSEHEN

SEX AND THE CITY
The Essential Collection
DVD-Box

FERNSEHEN

Frauen schauen anders fern als Männer. Aber gehörig anders.
Wohl jeder Mann, der die Fernbedienung nicht in der Hand hält, denkt, er sei in einer Art Dalli-Klick gelandet, bei dem es darauf ankommt, die ca. 0,2 Sekunden langen Sendungsfetzen richtig zuzuordnen – und jedes Mal, wenn er gerade etwas Interessantes entdeckt, ist die Frau schon zwei Kanäle weiter.
Die Sendungen, die definitiv nicht weggezappt werden, sind solche vom Kaliber „Sex And The City" oder „Desperate Housewifes", die feste Termine in der Woche ausmachen, denn auch gestressten Frauen mit nahezu keiner Freizeit sind die sehr selten stattfindenden gemütlichen Fernsehabende bei einem guten Glas Wein heilig.
Andere äußerst beliebte Serien sind solche, die in Krankenhäusern spielen, wie „Emergency Room", „Dr. House" oder „Grey's Anatomy", die im Falle George Clooneys sein Sprungbrett und im Falle Patrick Dempseys sein Comeback waren. Dass auch deutsche Arztserien international erfolgreich sein können, zeigt „Doctor's Diary" mit der dazugehörenden Auszeichnung mit der Goldenen Nymphe 2010 in Monaco.
Der Nicht-Mediziner-Mann muss neidlos anerkennen, dass sowohl tv-technisch als auch im echten Leben der Arzt den immer noch umschwärmtesten (Fernseh-)Beruf der Welt hat.
Sehr beliebt sind auch eigentlich total irreale Reality-Dokus wie „Bauer sucht Frau" oder „Schwiegertochter gesucht", die ähnlich den Re-Re-Re-Recalls bei „DSDS" herrliches Fremdschämen verursachen können, aber auch echte Gefühle zeigen und Volkshelden hervorbringen wie die drollige Narumol, die nach einer Gondelfahrt mit dem „hochintelligenten Hofherrn" von sich gab, sie sei „fick und fertig".
Ob die zahlreichen Kochshows à la „Perfektes Dinner" oder das daraus entstandene „Promi-Dinner" gerne geguckt werden, um an möglichst raffinierte Rezepte zu gelangen, oder ob eine gewisse Schadenfreude beim Scheitern eine Rolle spielt, wollte mir niemand verraten. Dass aber gerade bei diesen beiden Formaten der intime Blick in fremde Wohnungen gleichermaßen spannend wie inspirierend ist, scheint festzustehen.
Apropos Wohnungen und die dazugehörigen Sendungen wie „Mein neues Zuhause": Gott sei Dank ist es nicht nur mir, sondern allen Frauen, die ich kenne, rätselhaft, wie man irgendjemandem eine Woche Zeit und die Wohnungsschlüssel und völlig freie Hand bei der Einrichtung der ehemals eigenen vier Wände geben kann. Eigentlich müsste die Sendung jedes Mal: „Inka Bauses neues Zuhause woanders" heißen oder direkt „Mir doch egal, wie ich wohne".

SONY
VHS-Videokassette
180 Minuten

FUSSELENTFERNER

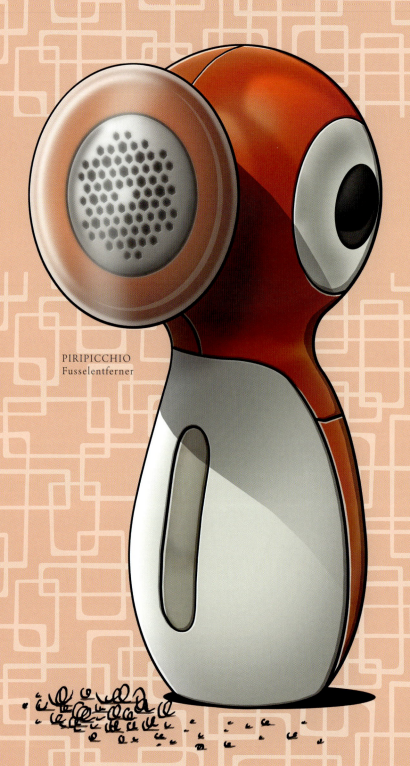

PIRIPICCHIO
Fusselentferner

FUSSELENTFERNER

Sie kennen das: Da haben Sie extra den teuren Markenkaschmirpullover dem Aktionsmodell einer schwedischen Kleiderkette vorgezogen, um Pilling von vornherein auszuschließen – und was macht das gute, teure Teil? Es pillt, dass Gott erbarm.
Als Allzweckwaffe im ewigen Kampf für Perfektionismus und gegen Fussel kommt da der Fusselentferner ins Spiel.
Niedlich in Form des Piripicchio, jahrzehntelang bewährt in Form der Trixie-Fusselbürste und wahrscheinlich unschlagbar in Form des kleberollenden Fusselrollers Perfect Care.
Egal, für welchen man sich entscheidet, er gehört in die Handtasche, auch wenn er dort reichlich Platz einnimmt. Ein anscheinend weitverbreitetes Phänomen hierbei kennt man von Regenschirmen: Hat man ihn dabei, regnet es nicht; vergisst man ihn, schüttet es aus Kübeln!
Ebenso beim Fusselentferner. Hat man beim Bestücken der Handtasche auf wichtige, andere Dinge verzichtet, um ihn noch unterzubringen, dann wird man pillingfrei den Tag verbringen können. Vergisst man ihn, hat man das erste Kügelchen schon beim Verlassen der Wohnung am Pullover/auf dem Blazer.
Dass Frauen durchdrehen können, wenn sie ebenjene unschönen Knötchen auf ihren Kleidern mangels Fusselbürste ertragen müssen, lässt sich bei fast allen Frauen auch auf ihre männlichen Begleiter übertragen, denen dann mit Inbrunst und großer Intimität der Rücken und der Po fusselfrei gerollt werden – das aber auch ungefragt und in der Öffentlichkeit.
Da wird dem Mann gerade noch zärtlich der Nacken gestreichelt, und schneller, als man „Fluse" sagen kann, knibbeln die Fingernägel an einer kleinen Hautunreinheit herum, um diese zu entfernen.
Bauchnabelflusen, auch wenn sie wissenschaftlich erklärt sind, versteht eh kein Mensch. Die Begeisterung vieler Frauen beim Anblick ebenjener entzieht sich meinem Verständnis. Meine Freundin lüpft JEDEN Abend meine Oberbekleidung, wühlt im Bauchnabel nach dem scheint's kostbaren Schatz und zeigt mir stolz, wie viele Textilfasern von meiner Bauchbehaarung in die kleine Höhle gerubbelt wurden!
Und genau wie beim eigenen, pillenden Pullover ist es für Frauen wohl unerträglich, diese vom Hersteller so nicht gedachten Anbauteile zu erdulden: Pulloverkügelchen, Jackettfussel und Bauchnabelflusen müssen ausgerottet werden, auch wenn sich dieses Unterfangen als niemals endende Sisyphosarbeit darstellt ...

PERFECT CARE
Fusselroller

TRIXIE
Fusselbürste

HAARE

ghv IV STYLER BLACK
Hairstyler

HAARE

Frauen wollen immer die Haare, die sie nicht haben!
Sind sie wunderschön seidig, lang und glatt, dann träumt die Frau von lockigen voluminösen Haaren, und umgekehrt!
Ist sie blond, dann wäre sie lieber brünett, ist sie dunkelhaarig, hätte sie gern blondes Haar. Und die Frisur ist sowieso meist nicht genau das, was man gern hätte. Haare sind ein erotischer Faktor, gefällt sich die Frau haartechnisch, so gefällt sie sich generell.
Und genau das wird von den Konzernen, die sich mit dem Thema Haar beschäftigen, weltweit schamlos ausgenutzt, immer wieder neue Lockenstäbe, Glätteisen und Färbeprodukte erscheinen im Minutentakt und versprechen Linderung für die Qualen. Die lebensnotwendigen Haargummis und Klammern werden dauernd neu gekauft, weil sie statt griffbereit in der Handtasche zuhauf in der Wohnung herumliegen.
Lustig zu beobachten ist, dass sogar Frauen, die eine minimale Naturwelle haben, zum Haarglätter greifen, um das letzte bisschen Schwung aus der Frisur zu bügeln. Die Technik in puncto Glättung ist mittlerweile so weit, dass auch das extrem krause Haar dunkelhäutiger Frauen nach dem Entlocken weich und glatt fällt und nicht wie früher einfach nur geplättet ausschaut. Auf der anderen Seite sorgen Lockenstab, Papilotten und Unmengen an Haarspray dafür, dass man hin und wieder den Eindruck hat, die Damen wären nicht mit dem Kopf beim Friseur, sondern mit den Fingern in der Steckdose gelandet.
Bemerkenswert ist, dass sowohl Männer als auch Frauen von langen Haaren träumen, Frauen hätten sie gerne auf dem Kopf und Männer auf dem Kopfkissen neben sich.
Friseurbesuche von Männern und Frauen unterscheiden sich nicht nur preislich gewaltig voneinander – während er eher spontan zwischen zwei Terminen irgendeine Zwölf-Euro-Kette aufsucht und meist zufrieden mit dem Resultat ist, macht sie extra Termine, lässt dreistellige Beträge bei edel oder neuerdings wortspielerisch benannten Friseuren, um dann grundsätzlich unzufrieden zu sein. Rechnet man einmal zusammen, wie lange Frauen sich mit ihren Haaren beschäftigen (waschen, föhnen, Neues ausprobieren und wieder verwerfen), so wird einem klar, warum Frauen durchschnittlich älter werden als Männer. Sie hängen die Haarzeit einfach hinten dran!
Es ist übrigens wirklich schwer beeindruckend, wie oft man als Mann auf ein ernstgemeintes Kompliment bezüglich der Haare Antworten bekommt, die mit einem „Aber" anfangen und dann recht ausführlich alles auflisten, was eben nicht stimmt! Und das sollte uns Männern zeigen, dass Frauen nicht nur gern schöne Haare haben wollen, um dem anderen Geschlecht zu gefallen, sondern um sich selbst rundherum wohl zu fühlen.
Wie wichtig Haare für Frauen sind, sieht man auch bei Beziehungsdramen. Ist Schluss, geht der Mann mit seinen Freunden einen saufen – die Frau geht mit kompletten Umbauplänen zum Friseur!

KENT FOR GUHL
Haarbürste

HANDTASCHE

Die Handtasche für den Herrn, das sogenannte „Detlef-Täschchen", ist zu unser aller Freude nahezu ausgestorben, sah es doch IMMER albern aus und beherbergte neben Pfeifenrauchutensilien eigentlich nichts.
Die Damenhandtasche hingegen scheint eine optische Täuschung allererster Kajüte zu sein, man kann schier nicht begreifen, was darin alles Platz findet, aber auch hin und wieder auf ewig verschwindet. Und doch scheint das ewige Kramen und Wühlen in ihr gleichermaßen Stress und pures Vergnügen zu sein!
Neben dem ursprünglichen Zweck, Nützliches nicht auf beide Hände verteilt mit sich führen zu müssen, ist die Handtasche natürlich eine nicht zu übersehende Visitenkarte. Zudem hat sie massive Auswirkungen auf den Gang einer Frau: Trägt sie die Tasche z.B. in der Ellenbeuge, so ist fast nichts anderes denkbar, als powackelnd zu gehen, am gestreckten Arm halten führt nahezu unweigerlich zu Hopsern und Hüpfern.
Modehäuser ändern im Minutentakt ihre It-Bags, allerdings mit dem Hintergedanken, neue Klassiker zu schaffen, denn sie sollen definitiv keine It-Bags sein, die in der Nachfolgesaison Out-Bags sind.
Im Gegensatz dazu stehen die Klassiker, die gerne von Nobelherstellern stammen und die Namen berühmter Hollywoodgrößen bekommen – wie die begehrten, aber auch teuren Kelly oder Birkin Bags von Hermès.
Um sie der Welt zu präsentieren, werden immer häufiger Placements an Stars vorgenommen, die oft ungefragt den Reportern mitteilen, dass sie die und die Tasche von dem und dem Designer tragen, wodurch sie hoch vierstellige Beträge sparen, die die Durchschnittsfrau leider auf den Tisch legen muss, wenn sie auch eine möchte.
Wie perfekt diese Art Werbung funktioniert, kann man der Yellow Press hervorragend am Beispiel der Tom-Cruise-Gattin Katie Holmes entnehmen, die sich selbst, ihre Handtaschen, Tochter Suri und dieselben Handtaschen in extra angefertigten Miniaturen den Kameras präsentiert.
Jede Frau träumt eigentlich zu jeder Stunde von irgendeiner Traum-Handtasche von Prada, Chloé oder YSL – meine Spielzeugberaterin spart gerade auf ein Exemplar aus dem Hause Smythson Of Bond Street, und dass die Taschen des britischen Edelfabrikanten in Kürze schusssicher oder einem Diplomatenkoffer ähnlich daherkommen werden, ist nicht zu erwarten, da die Chefdesignerin Samantha Cameron ihre entwerfende Tätigkeit zugunsten ihres Mannes David Cameron in eine rein beratende umwandelte, um fürderhin dem britischen Volk als First Lady und dessen Prime Minister hilfreich zur Seite zu stehen.
Höchstwahrscheinlich mit einer von ihr selbst entworfenen/abgesegneten Handtasche …

SMYTHSON
OF BOND STREET
Nancy
Handtasche

HOROSKOP

HOROSKOP
von
Jesus Christus

HOROSKOP

Wie man angeblich auf der links abgebildeten Zeichnung sieht, kann man Folgendes aus dem Horoskop Jesu Christi herauslesen:

Im Aszendent im Fischezeichen stehen Saturn auf 18 und Jupiter auf 19 in enger Konjunktion. In Opposition an der Achse des 7. Kraftfeldes befindet sich die Sonne im 22. Jungfraugrad. Diese Aspekt kann und muss als maßgeblich für die Gestalt des Gründers einer Religion angesehen werden. Die Liebe wird durch den Opfertod dargestellt, da Mars, gleichfalls im Skorpion an der Spitze des 9. Feldes, unbeirrbar die Überzeugung einer Heilslehre verkündet. Im Alter von 37 Jahren erreicht die vorgeschobene Sonne (1 Grad = 1 Jahr) das 8. Zeichen, das todesbezügliche Erlösungsfeld des Skorpions, was den Todestag Jesu Christi bedeutet.

Mal ganz ehrlich, ich habe keine Ahnung, was ich da von einem Sterndeuter abgeschrieben habe, ich weiß nur, dass Jesus höchstens 32 wurde ...

Und genau so ehrlich habe ich vor Horoskop-/Sternzeichenfanatikern eine gewisse Angst, da sie IMMER sofort den ganzen Lebenslauf, alle Höhen und Tiefen, sämtliche vergangenen und noch kommenden Trennungen, die finanzielle Gesamtsituation und den Gesundheitszustand aus den drei kleinen Worten „Ich bin Fische" herauszudeuten imstande sind.

Alle Menschen lesen Horoskope – und schon wieder ganz ehrlich: Steht etwas Gutes drin, dann spendet dies sofort Trost oder Hoffnung, droht einem Übles, dann kann die Ansage schon einmal den Tag vermiesen.

Aber die Durchschnittsfrau liest Horoskope mehr zur Unterhaltung, gerne auch laut anderen vor, ganz wichtig ist dabei stets der Bereich Liebe – man hört, dass in den Presseabteilungen renommierter Verlage regelmäßig Rennen stattfinden, die zum Ziel haben, die diversen Jahreshorokope als Erster zu ergattern, um sie dann der gesammelten Belegschaft vorzutragen.

Und gerade Frauen speichern positive oder negative Prognosen in Bezug auf Partnerschaft, Flirt oder Sexleben nicht ausnahmslos unter „Quatsch" ab. Das Sternzeichen des Gegenübers ist schon beim ersten Date oft nicht unentscheidend und lässt entweder Folgedates zu oder blockt diese bei falschem Geburtstag sofort ab, denn für Frauen sind Horoskope eine Art Spiel auf dem Weg des Kennenlernens.

Die Horoskope für einzelne Tage sind so unterschiedlich wie die Zeitschriften, in denen sie abgedruckt sind – und selten hat man in der Bild dieselben Aussichten wie in der Brigitte. Neben dem Jahreshoroskop, das einem nur sagt, was man die nächsten zwölf Monate anziehen soll, gibt es in der Elle auch tägliche Horoskope. Dort kann man online wählen zwischen Tages-, Wochen-, Fashion-, Beauty-, Partnerschafts- und Job-Horoskop, wo man dann z.B. im Bereich Fashion folgende Ansage bekommt: „Den Fischen sind aus astrologischer Sicht die Füße zugeordnet, und für kein anderes Zeichen ist es daher so wichtig, bequeme und qualitativ hochwertige Schuhe zu tragen. Wer beruflich den ganzen Tag geschlossenes Schuhwerk tragen muss, braucht zu Hause unbedingt ein paar bequeme Latschen." Hochinteressant. Wirklich.

BIRKENSTOCK
Modell Boston
Farbe Antik Oliv

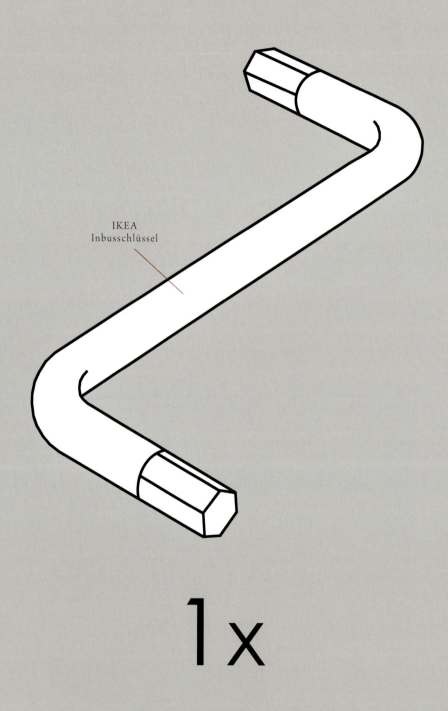

IKEA

Wer der Meinung ist, dass IKEA ein Einrichtungshaus ist, der sieht die Sache etwas zu vereinfacht.
IKEA ist ein Tipptopp-Wochenendkurztrip für Frischverliebte (Anreise, Parkplatzsuche und die Schlange an der Kasse nehmen gerne ganze Tage in Anspruch), eine 1a Singlebörse (schon die Verkäufer kumpeln JEDEN Kunden vertraulich mit einem Du an), der beste Hot-Dog-Laden südlich der dänischen Grenze (das einzige Teil bei IKEA, das ohne den berühmten Inbusschlüssel zusammengebaut werden kann und muss) und der Anbieter der größten Lego-Ersatzbaukästen der Welt (Achtung: DAS lockt auch möbelmuffelige Männer auf ungewohntes Terrain).
Neueste Wohntrends werden halbjährig zu für jedermann erschwinglichen Preisen angeboten, man könnte sagen, IKEA sei der H&M der Möbel.
IKEA ist aber auch Lieferant für jede Menge dicker Luft.
So hört man beispielsweise von Raufereien in Treppenhäusern, in denen von einem gehässigen Zusteller nur vier brandneue IKEA-Kataloge für fünf bis sechs Haushalte abgelegt wurden!
Junge Paare werden beim geselligen Zusammenbau eines BILLY-Regals zu erbitterten Gegnern im Kampf um die letzte Schraube – aber wer gemeinsam eine ganze Küche zeternd zusammen aufgebaut hat, der wird sich nach dieser Feuertaufe nicht so schnell trennen.
Schon im Möbelhaus führen hitzige Diskussionen um EKTORP, KLIPPAN, KARLSTAD und Konsorten zu Gesichtsausdrücken, die mit „Kauffreude" nichts, aber auch gar nichts zu tun haben! Sie möchte Nestbau betreiben und das Zuhause schön gestalten – und er so schnell wie möglich wieder raus.
Aber IKEA bringt auch jede Art von Spaß: Ganze Generationen wurden mittlerweile auf LEIRVIK und anderen Betten gezeugt und auf Namen getauft, die ansonsten den im schwedischen Möbelhaus angebotenen Aufbewahrungssystemen zugeordnet werden: Albert, Antonius, Arild, Benno, Bertil, Broder, Charlotta, Fabian, Henny, Ivar, Leende, Odda oder Tony.
Wenn es also heißt: „Der kleine Broder möchte aus dem Småland abgeholt werden!", dann ist nicht etwa das in Gang 12B ausgewählte Regal zur Mitnahme vorbereitet, sondern ein drei- bis fünfjähriges Kind männlichen Geschlechts hat endgültig die Schnauze voll von bunten Bällen!
Und falls es unmöglich scheint, den Göttergatten zu IKEA zu bugsieren: Fragen Sie NIE, ob er Lust hat, mit zu IKEA zu kommen, sondern stets, ob er nicht auch ganz doll Appetit auf Kötbullar oder Hot Dogs hätte!

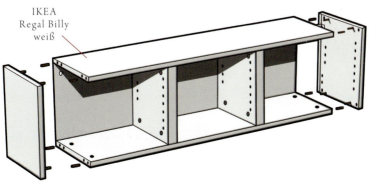

IKEA
Regal Billy
weiß

JEANS

JEANS
(Auswahl)

JEANS

Da dieses Buch ausschließlich mit gezeichneten Bildchen illustriert ist, kann ich der geneigten Leserschar leider nicht das Foto meines Bruders zu seiner Einschulung 1978 präsentieren. Er trug einen damals sicher absolut modernen Jeansanzug aus zwei verschiedenfarbigen Stoffen, in die helle Hose war ein dunkler Keil eingenäht, der der Buxe einen Schlag verlieh, unter dem geschickt die unmodischen Sandalen komplett verschwanden. Der Kragen der Jacke reichte, so ich mich recht erinnere, ungefähr bis zum Bauchnabel, und jedes Mal, wenn ich auf dieses Foto blickte, dachte ich: „Gott sei Dank ist das vorbei und kommt nie nie wieder!"
Pustekuchen! Irgendwie kommt alles wieder, selbst die ehemals verhassten Karottenjeans in den schon unmöglich klingenden Moon- oder Marmorwaschungen sind mit umgekrempelten Hosenbeinen und unter dem Tarnnamen Boyfriend-Cut wieder da!
Die Waschung, die oft höchst aufwendig von Hand auf alt getrimmt wird, ist aber auch heutzutage extrem wichtig: Von ganz hell bis ganz dunkel (Rinse-Waschung, eigentlich nur einmal durchs Wasser gezogen) ist alles denkbar, selbst die der Punkszene entlehnte „Domestos-Waschung" ist wieder da, zum Glück der Trägerinnen aber nicht mit einem ätzenden und zu Haarausfall führenden Putzmittel erzeugt.
Auch der frühere Tod einer Jeans, das Loch, wird aufwendig und so authentisch wie möglich in niet- und nagelneue Jeans geschnippelt.
Das, was eine Jeans immer musste, war einen schönen Hintern machen!
Und hat eine Frau einmal den perfekten Schnitt für ihren nicht immer perfekten Popo gefunden, dann ist sie geneigt, sich dieses Exemplar auf Halde in verschiedenen Farbtönen und mit leichten Variationen bei der Fußweite zuzulegen, was natürlich beim wilden Wechsel der Moden nicht sehr effektiv ist.
Denn die Jeans ist mittlerweile absolut gesellschaftsfähig sowie ein klar erkennbares und durch Stitchings, Applikationen oder Strassbesatz oft schon von weitem zu erkennenendes Statussymbol geworden.
Wobei es dann schon wieder cool sein kann, die ihrem Namen alle Ehre machende Jeans von Cheap Monday zu wählen, die, etwa im Gegensatz zu True Religion, mit fettem Stitching und Extremwaschung vollends auf auffällige Nähte oder extravagante Waschungen verzichten.
Aber wie gesagt, Farbe, Waschung, Nähte etc. sind uninteressant, wenn nicht der Po knackig aussieht, was ich jederzeit und überall unterschreiben würde ...

LEVI STRAUSS
Patent vom
20. Mai 1873

KATZE

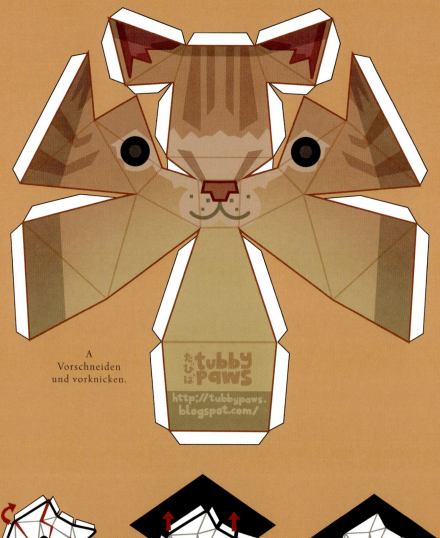

A
Vorschneiden
und vorknicken.

B
Knicken und
zusammenkleben.

C
Festkleben.

D
An die Decke
kleben.

TUBBYPAWS
Ceiling Cat
Papier

KATZE

Ich mag Katzen nicht sonderlich gern.

Sie sind mir zu clever, eigensinnig und zu unberechenbar. Als Mann hätte ich lieber einen leicht verblödeten Hund, der sitzmacht, wenn er soll, der nicht aufs Sofa geht, weil er das eben nicht darf, und der sich IMMER freut, wenn ich nach Hause komme, der also das absolute Gegenteil von einer Katze ist.

Die Katze ist für viele Frauen die Traumfrau, die man selbst nicht sein kann oder darf, weswegen die meisten Frauen gern so wären wie ihre Katzen: geschmeidig, elegant, stets eine gute Figur machend, immer sauber und gut riechend, unabhängig, geheimnisvoll, selbstsicher, individuell und eigensinnig, immer gelassen und ausgeglichen und auch bei absolutem Nichtstun nie gelangweilt. Katzen sind aber auch verschmust und anhänglich, wobei niemand weiß, nach welchen Kriterien sie entscheiden, wer ihre Zuneigung verdient und wer nicht.

Ein Hund guckt einen an und kommt entweder schwanzwedelnd und um Streicheleinheiten bettelnd auf einen zu, oder er beißt, was sich meist durch Knurren ankündigt.

Eine Katze guckt.

Fertig.

Sie guckt.

Und gewinnt mit konstanter Regelmäßigkeit die Wer-dreht-bei-direktem-Augenkontakt-als-Letzter-den-Kopf-weg-Contests.

Was sie dabei denkt, weiß kein Mensch – aber sie strahlt eine Selbstsicherheit aus, die schon fast an Überheblichkeit grenzt. Sie scheint stets etwas mehr zu wissen als ihr Umfeld!

Abschließend sollte ich kurz erwähnen, dass es Frauen gibt, die nach seelischer Pein den größten Trost darin finden, ihre Nasen tief in das kuschelweiche Bauchfell ihres Stubentigers zu stecken ...

SIR GEORGE IV
Britisch Kurzhaar
Katze

KERZE

KERZENHALTER
antik
Sterlingsilber, fünfarmig,
England, 1898

KERZE

War die Kerze in uralten Zeiten noch schlicht für die Lichtlieferung zuständig, so hat sie heutzutage diese Rolle weitestgehend an das elektrische Licht abgetreten.
Was dazu führte, dass die Kerze zu einem bloßen Deko-Artikel wurde und somit nahezu einzigartig ein Weiterleben neben den Errungenschaften der Neuzeit zuwege brachte! Allerdings auch neue Diskussionsgrundlagen, denn die Frau möchte es meist etwas schummeriger haben als der Mann, der lieber alles klar erkennen können möchte.
Das führt im Falle meiner Spielzeugberaterin so weit, dass auf allen Reisen Kerzen mit ins Hotel genommen werden, um die oft grausamen Beleuchtungsverhältnisse gründlich runterzudimmen.
Kerzen üben auf Frauen einen mir nicht immer einleuchtenden Reiz aus, geht man z. B. zu zweit zu IKEA, so gibt es eine durchschnittliche Laufgeschwindigkeit, die auf null reduziert wird, sobald man den Bereich „Kerzen" erreicht. Da wird dann an jeder einzelnen geschnüffelt und gerochen – und auch wenn sonst nichts gefunden wird, eine Palette Teelichte und das eine oder andere Gebinde Duftkerzen wird garantiert mitgenommen.
Kerzen vermitteln ein Wohlgefühl, sind mit dem Begriff Romantik verwachsen wie sonst kaum etwas und sorgen auch bei Männlein stets für eine sehr angenehme Stimmung, sowohl beleuchtungs- als auch dufttechnisch!
Schon eine handelsübliche Wachskerze riecht nach Geburtstag oder Weihnachten. Will man ganz bestimmte Stimmungen erzeugen oder abrufen, so setzt man gezielt Duftkerzen ein, die dann den Frühling (Duftnote Nelke/Rose), den Sommer (Duftnote Limette/Limone), den Herbst (Duftnote Apfel), die (Vor-)Weihnachtszeit (Duftnote Vanille/Zimt), ein Straßencafé (Duftnote Kaffee) oder einfach nur Frische (Duftnote Lavendel) in die Räume zaubern.
Platziert werden die Kerzen auf dem Couchtisch, dem Esstisch, dem Küchentisch und sogar – typisch Frau, die es überall schön und gemütlich haben möchte – auf dem Schreibtisch!
Die meisten Kerzen in reinen Männerhaushalten sind nicht selbst erworben, sondern von netten Damen als Geschenk mitgebracht worden.
Einige eher trottelige Männer (wie mein Bruder und ich) hatten schon in der Kindheit keine Lust, Kerzen zu kaufen, und kamen auf die glorreiche Idee, aus Kerzenstümpfen, einem Wollfaden (!) und reichlich Legosteinen eine kleine Kerzenproduktion anzuwerfen, die allerdings direkt nach Versuch eins mit ruiniertem Teppich, nicht mehr zu rettenden Legosteinen und einer absolut nicht brennbaren braunen, quadratischen Masse und zwei Wochen Stubenarrest endete ...

ITALA
Teelichthalter Kivi

KLEINES SCHWARZES

Karl Lagerfeld
für H&M, 2004

KLEINES SCHWARZES

Karl Lagerfeld stänkerte dereinst herum: „Kleine schwarze Kleider tauchten zum ersten Mal zwischen 1918 und 1920 auf, und ich habe das Gefühl, dass sie auf die Trauerkleidung im Ersten Weltkrieg zurückgehen!" Der Mann, der 2004 mit einer Kollektion für H&M für Aufsehen sorgte (es lohnt sich wirklich, sich bei YouTube den dazugehörigen TV-Spot anzuschauen!), in der es auch ein „kleines Schwarzes" gab, bezieht sich mit seiner Äußerung auf die ewige Frage, ob wirklich Coco Chanel die Erfinderin des berühmten Kleides ist – auch eine gewisse Nettie Rosenstein wird in diesem Zusammenhang als Schöpferin des Klassikers genannt.
Letztendlich ist es egal, wer die Idee zu diesem Allroundtalent hatte, so richtig populär wurde es durch Gottheiten wie Audrey Hepburn, die zeigte, dass das meist nicht sehr lange schwarze Kleid zu nahezu allen Anlässen passt, man immer gut angezogen ist damit, weder over- noch underdressed daherkommt und wirklich stets eine Lösung parat hat, wenn man mal wieder nicht weiß, was man anziehen soll! Man kann nichts falsch machen, ist immer auf der sicheren Seite, für jeden Frauentyp gibt es das richtige kleine Schwarze, und man muss sich nicht jedes Jahr ein neues kaufen, da es das Zeitloseste ist, was es an Frauengarderobe gibt.
Mit anderen Worten: Das kleine Schwarze gehört in jeden Frauenkleiderschrank wie der dunkle Anzug in den der Männer!
Ob man dann mehrere tausend Euro für ein Chanelkleidchen ausgibt oder sich für die Varianten von H&M, ZARA & Co. entscheidet, ist fast egal, denn die Schlichtheit des körperbetonten Schnittes sieht stets elegant aus, und nur Kenner wissen, welches Label im Nacken eingenäht ist.
Ausnahme sind die roten Teppiche dieser Welt, da verraten dann Damen den Namen des Designers, noch bevor sie „Hallo!" gesagt haben.

Coco Chanel
1926

AMERICAN

0803 11223

Valid Thru
02/14

ERIKA MUSTERFRAU

12233 12345

MEMBER SINCE
00

AMERICAN EXPRESS
CENTURION
Kreditkarte

© AMEX

KREDITKARTE

In schlechten amerikanischen Spielfilmen zücken Männer in teuren Anzügen gerne ihre Portemonnaies und lassen eine kilometerlange Visitenkartenschlange herauspurzeln, um auf ihr Vermögen hinzuweisen.
Dass gockelhaft veranlagte Männer meinen, mit Kreditkarten noch ansatzweise Eindruck schinden zu können, ist mal wieder typisch Mann.
Dass es aber auch typisch Frau gibt, zeigt ein Angebot der Baden-Württembergischen Bank, die extra für Frauen die LautitiaCard entwickelt hat.
Sie ist eine ganz normale MasterCard und macht mit den abgebildeten Diamanten ihrem Namen alle Ehre, heißt doch Lautitia aus dem Lateinischen übersetzt „Pracht".
Was unterscheidet diese vollwertige Kreditkarte von anderen?
Sie beinhaltet eine sogenannte Handtaschenversicherung, die bei Diebstahl ordentlich Euros ausschüttet, um den Erwerb einer neuen Tasche nebst Geldbörse zu ermöglichen.
Werden – wie es offenbar eher frauentypisch zu sein scheint – Schlüssel oder Papiere verbummelt, so werden auch für die Wiederbeschaffung höhere Beträge lockergemacht. Es gibt sogar einen Service, der sich ausschließlich darum kümmert, ebenjene Dinge zu suchen und zu finden!
Falls im Kaufrausch die eine oder andere pickepackevolle Tasche versehentlich abhanden kommt, so ist zudem alles, was darin mit der Lautitia Card bezahlt wurde, automatisch gegen Beschädigung oder Diebstahl versichert!
Das Gefährliche an dieser wie an allen anderen Kreditkarten ist, dass nicht wirklich Geld aus der Tasche verschwindet, sie ist eine Art Zauberstab! Man kann mit fünfzig Euro in der Tasche das Shopping beginnen, für mehrere tausend Euro einkaufen – und mit exakt fünfzig Euro, abzüglich vielleicht dem Gegenwert eines Cappuccinos, wieder heimkehren!
Wenn also die Kreditkarte heute zum Glühen gebracht wird, verbrennt sie die Hand, die sie festhält, und nicht die, die zu Hause ängstlich die Tür für die mit tonnenweise Tüten bewaffnete Ehefrau öffnet!

LAUTITIA CARD
Kreditkarte

VISA BLACK CARD
Kreditkarte

KÜCHE

Die Küche ist längst nicht mehr der Ort, an dem die Frau nahezu angekettet den lieben langen Tag mit dem Zubereiten der Speisen für die Familie beschäftigt ist. Gott sei Dank.
Sie ist vielmehr und immer öfter sehr offen in den restlichen Wohnraum integriert und von der reinen Arbeitsplattform zu einem Plätzchen geworden, an dem auch gerne gemeinsam mit Gästen gekocht wird.
Wichtig ist deswegen gerade für Frauen, dass neben der Funktionalität auch designerische Hochleistung die nicht mehr versteckten Küchengeräte kennzeichnet, wobei das Design fast wichtiger ist als die perfekte Klinge.
Sogenannte Kochsendungen, in denen meist um die Wette gebrutzelt wird, vermitteln den Eindruck, sie seien eigentlich Dauerwerbesendungen für Kücheneinrichter, denn bevor man dort eingeladen wird, scheint Tine Wittler persönlich vorab einen Besuch zu machen und die Küche für geeignet oder ungeeignet zu befinden.
Das Küchengerät, das im Grunde sein Schattendasein wegen dieser TV-Formate verloren hat, ist eindeutig der Pürierstab. Manchmal hat man das Gefühl, dass etwas Unpüriertes im einundzwanzigsten Jahrhundert geradezu unanständig ist, so oft wird er für die tollen Rezepte eingesetzt!
Apropos: Wurden früher gerne Geheimnisse um vererbte Rezepte gemacht, stehen heute Bücher von Jamie Oliver, Johann Lafer, Tim Mälzer, Sarah Wiener und deren Fernsehkollegen sozusagen als Beweis für einen erlesenen Gaumen für jeden sichtbar auf der Rhyolitharbeitsplatte, die den Nachfolger des Gasherdes, das Induktionskochfeld, umfasst.
Die Küche ist für die Frau ein uneingeschränktes Repräsentationsobjekt, und nach wie vor scheint es zwei prägende Looks zu geben: die ultramoderne, streng und reduziert gestaltete Küche, die einem Chefzimmer in nichts nachsteht, und im Gegensatz dazu die eher gemütliche Landhausstyle-Variante, in der, genauso sorgfältig, aber scheinbar dem Zufallsprinzip geschuldet, wild gemischt schöne, alte Gegenstände verstreut sind.
Die höchste Adelung einer Köchin – neben dem Lob für die tolle Kücheneinrichtung – ist und bleibt eine fast schon erbettelte Anfrage für das Rezept der zuvor gereichten Speise.
Da ist es dann fast egal, welche Antwort man gibt: „Seite sieben bei Mälzer!", „Hab ich komplett improvisiert!" oder „Ist von Oma, ich hab an ihrem Sterbebett versprochen, es NIEMANDEM zu verraten, aber wenn du mich so lieb bittest ..."

INOX 18/10
Trüffelhobel
Edelstahl

LAPTOP

OPEN
24 HOURS

DELL
Mini 10v
Netbook
(in 6 Farben
erhältlich)

LAPTOP

Es ist beeindruckend, dass Frauen mehr Zeit investieren als Männer, um für sich den richtigen Rechner zu finden. Das hat allerdings weder mit vermehrtem noch mit geringerem Technikverständnis zu tun, sondern allein mit der Tatsache, dass die passende Tasche dazu meist wichtiger ist als der darin zu transportierende Rechner. Gibt es für ein eigentlich perfekt geeignetes Notebook kein hübsches Case, dann wird der Rechner nicht gekauft. Es soll Frauen geben, die eine perfekte Tasche jahrelang ungefüllt im Besitz haben und unglaubliche Glücksgefühle entwickeln, wenn sie schlussendlich ein Notebook finden, das in diese passt.
Ein modernes Frauenlaptop muss möglichst klein und handlich sein, es darf gerne bunt sein und neuerdings auch mit coolen Designs gemustert, es muss unbedingt online gehen können und zumindest so schnell sein, dass man sekundengenau bei ebay zuschlagen kann.
Die Onlinefitness ist tatsächlich Hauptsache, denn auch in Deutschland kann man seit Jahren vierundzwanzig Stunden am Tag shoppen, ohne dabei Ladenschlussgesetze zu verletzen.
Oft sieht einen der Paketbote öfter als die eigenen Eltern, denn Hardcoreshopper bringen es auf mindestens einen Besuch pro Tag.
Im Falle meiner Freundin, die beruflich voll eingespannt ist, funktioniert beides: Die täglich bestellte Ration wird, weil sie eben nicht zu Hause ist, grundsätzlich zu den Eltern geschickt und alle paar Tage gesammelt abgeholt. Die wahrscheinlich aufkeimende Sorge, die Tochter sei kaufsüchtig, wird definitiv zur Seite geschoben, denn: „So sehen wir sie wenigstens regelmäßig!"
Geradezu niedlich war die Anfrage ihrer Mutter, ob man nicht mal zusammen zu IKEA fahren könne, um nach einer Kommode zu gucken – das bisher genutzte Tischchen, auf dem die Pakete zwischengelagert werden, würde so langsam, aber sicher in die Knie gehen.

ONLINEBESTELLUNG
1x mytheresa.com
1x brands4friends.com
1x yoox.com

LIPPENSTIFT

Lippenstifte sind gleichermßen Stimmungsmacher, -spiegel und -barometer, je nach Tageslaune wird die Farbe aus einem unendlich großen Angebot gewählt. Und nicht nur das Signalrot ist ein deutlich gesetztes Zeichen für den alltäglichen oder gesellschaftlichen Auftritt.

Um für möglichst jede Stimmung gewappnet zu sein, kaufen Frauen dauernd Lippenstifte in feinst abweichenden Nuancen zu bereits vorhandenen Modellen, wobei nicht jeder gekaufte Lippenstift auch außerhalb der Drogerie/Parfümerie zum Einsatz kommt.

Meine Spielzeugberaterin stellt nüchtern fest, dass sie eine unfassbare Menge an Fehlkäufen besitzt, deswegen aber nicht davon ablässt, stets und ständig neue zu erbeuten ...

Lippenstift ist natürlich nicht gleich Lippenstift, für den knallroten Mund beispielsweise muss man regelrecht geboren sein, er steht nicht jeder Frau. Dafür gibt es inzwischen den Nude Look, der mit weit über hundert Farbabstufungen einen natürlichen, ungeschminkten Eindruck erwecken soll, sich aber gerne durch Rosen- (Chanel) oder Wachsduft (Sisley) verrät. Sieht man sich die Farben und deren Spielarten an, so könnte man meinen, man blättere in einer Verkaufsbroschüre für ein Automobil: Matt, metallic, super high glossy klingen wie das, was normalerweise unter „Aufpreis" aufgeführt ist.

Alle Farben und Glanzabstufungen haben einen Zweck, sie sollen den Mund betonen, aus schmalen Lippen volle machen, aus blassen blutrote, was auf Männer natürlich eine extrem erotische Wirkung hat.

Angaben zur Haltbarkeit treffen nicht immer den Kern der Wahrheit, oft heißt „long lasting" nichts anderes als: In fünf Minuten ist das meiste ab – aber noch nach Tagen finden sich Reste im Mundwinkel, die nicht zu entfernen sind. „Kussecht" mag vielleicht stimmen, verheimlicht aber auch das Attribut geschmacksfremd.

Reine Pflegestifte sorgen zwar für ewig geschmeidige Lippen, aber wer als Frau einmal angefangen hat, sie zu nutzen, ist in Gefahr, in eine sogenannte „Labello-Abhängigkeit" zu geraten, die zu junkieähnlichen Panikattacken führt, wenn man auswärts merkt, dass man seine Lippenpflege vergessen hat.

Was mich regelmäßig mit offenem (ungeschminktem) Mund staunend dastehen lässt: Lippenstifte sollen einen möglichst wunderschönen Kussmund machen, will aber ein Mann seine perfekt gelipstickte Dame küssen, so wird ihm meist Einhalt geboten: „DAFÜR war ich nicht stundenlang im Bad!" (Selbiges gilt übrigens auch für die Haare bzw. deren unnatürlicher Variante „Frisur".)

MARILYN MONROE
Kussabdruck/Autogramm

MANIKÜRE

YVES SAINT LAURENT
La Laque
Stone Grey

MANIKÜRE

Fingernägel boomen – bzw. die „Verschönerung" ebenjener.
Nahezu alle Frauen, die Mandy, Daisy oder Jacqueline heißen, können anscheinend nicht dem Bedürfnis widerstehen, ein Nail-Design-Studio aufzumachen und dann Strass, unmögliche Farbkombinationen oder auch kleine Bildchen auf Fingernägel zu verpflanzen oder sie vierckig zu feilen.
Alle anderen benutzen klassischen, einfarbigen Nagellack und kommen mit Schere, Feile und Polierkissen für die wöchentliche Maniküreaktion aus, die einerseits sehr zeitaufwendig ist, andererseits aber auch viel Spaß macht und ein festes Wochenendritual ist.
Lacktechnisch erscheinen regelmäßig neue Farbtöne, die dann so begehrt sind, dass Frauen Morde für sie begehen würden.
So sorgten z. B. die Farben „Jade" und „Particulière" für Neid und Missgunst, wenn sie kurz nach Erscheinen an den Fingern anderer Damen gesehen wurden. Denn es scheint gang und gäbe zu sein, dass die Kosmetikkonzerne nahezu jeden neuen Farbton dadurch hypen, dass sie ihn zwar massivst bewerben, ihn dann aber zu einem nahezu nicht zu bekommenden Artikel werden lassen, indem sie die Auslieferung an die Parfümerien absichtlich vertrödeln. Meine Spielzeugberaterin erwarb jüngst das heißbegehrte Original eines neuen Lackes und ist, Stunden, nachdem sie ihr Glück begriffen hat, erneut in den Laden gekommen, um sich mit einem Strauß Blumen bei der Verkäuferin zu bedanken! Ein neidisches „Ist das etwa DER Jadeton von Chanel???" oder ein hinterrücks gemurmeltes „Man sieht sofort, dass das die HEMA-Kopie ist!" hat sie im Anschluss des Öfteren gehört.
Und weil neue Lacke wirklich sehr begehrenswert sind, lassen sich Damen vermehrt Nagellacke von weltreisenden Bekannten mitbringen, um in der Heimat wirklich die Erste zu sein, die diese ausführt.
Falls Männer jetzt denken, das sei wieder typisch, seien ihnen kurz die Begriffe iPhone und iPad ans Herz gelegt, die zu ähnlichen Bestellungen an US-Reisende führten – ähnlich dem Alleskönner von Apple werden auch die Verkaufsschlager der namhaften Nagellack-Hersteller schneller kopiert, als der Lack trocken ist!
Die French manicure übrigens, bei der klarlackierte Fingernägel mit einem breiten weißen Streifen abgeschlossen werden, hieß meiner Meinung nach früher schlicht „saubere Finger" ...

CHANEL
Nail Colour
407/Jade
18/Rouge Noir
505/Particulière

MASSAGE

LAPIS VITALIS
Hot Stones
Basaltmassagesteine

MASSAGE

Wenn man den Frauen Glauben schenkt, kann man getrost die klassische Massage (schwedische Massage), die Ganz-/Teilkörpermassage, die Ayurveda-Massage (Abhyanga), die Bürstenmassage, die Esalen-Massage, die ganzheitliche Massage, die InTouch-Massage, die Klangmassage, die Lomi-Lomi-Nui-Massage (Romi, Kahuna Bodywork, Ma Uri, Tempelmassage), die Ölmassage (Thymian, Melisse, Minze), die Lymphdrainage, die rhythmische Massage (nach Dr. med. Ita Wegman), die Shiatsu-Massage, die Sportmassage, die Thai-Massage, die Tuina-Massage, die TouchLife-Massage, die Unterwasserdruckstrahlmassage, die Warmsteinmassage (Hot Stone Massage), die Watsu-Massage, die indische Kopfmassage (Shampissage), die Deep-Tissue-Massage und die dynamische neuromuskuläre Massagetherapie vergessen (alle merken kann sich die eh kein Mensch …), wenn alternativ dazu die Fußmassage des Allerliebsten im Angebot ist.
Neben all den oben genannten, teils medizinisch angehauchten Arten scheint die intime, definitiv nicht sexuell ausgerichtete Massage unter Liebenden die angenehmste zu sein, das Wohlfühlen unerreicht, wenn es der Lebenspartner vermittelt.
Aber nicht jede Frau steckt in einer Beziehung, möchte aber trotzdem auf Massagen nicht verzichten. Man muss dazu sagen, dass z.B. eine Thai-Massage direkt am Strand, eine stundenlange Warmsteinmassage oder die Ölmassage sicher mindestens so sehr geeignet sind wie die eher private durch Männerhand – und nicht umsonst werden immer häufiger Junggesellinnenabschiede auf Wellness-Wochenenden verbracht.
Die früher vor allem auf Schmuck, Kleidung oder tatsächlich teure Küchengerätschaft ausgerichteten Weihnachtswunschlisten weisen mehr und mehr den Wunsch nach Verwöhnprogrammen aus, was leider dazu führt, dass Männer auf das gute, alte „Selbstgemachtergutschein-Verfahren" zurückgreifen und es oft genug versäumen, den Gutschein schon vorab zu bezahlen und sich vom Massagesalon ausdrucken und hübsch einpacken zu lassen, inklusive eines hübschen Massageölpröbchens natürlich.
Falls der Mann über zwei linke Hände verfügt, dann halte er sich wenigstens an die Worte der göttlichen Marlene Dietrich:
„Wenn man schöne Beine behalten will, muss man sie von den Blicken der Männer massieren lassen."

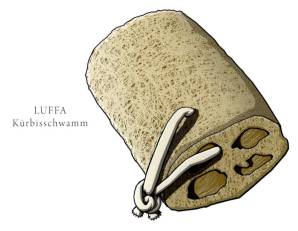

LUFFA
Kürbisschwamm

MILCHSCHAUM

NESPRESSO AEROCCINO
Elektrischer Milchaufschäumer

MILCHSCHAUM

Kaffee ist das allerallerleckerste Getränk auf der ganzen ganzen Welt!!!
Nur empfinden das viele Frauen nicht so, häufig hört man Sätze wie: „Kaffee schmeckt mir einfach nicht!"
Einerseits verwunderlich, andererseits schon wieder logisch ist dann die Tatsache, dass durch das vermehrte Auftauchen von hübsch anzuschauenden, schaumgekrönten Kaffeespezialitäten à la Cappuccino, Latte Macchiato oder Milchkaffee auch die Damenwelt ungetrübte Freude an dem schwarzen Trank bekommt.
Wobei mir versichert wurde, dass der Schaum oft ausschlaggebend ist!
Er hat eine cremige Konsistenz, ist leicht und luftig, kann gelöffelt werden, und hat doch nichts von der Sünde, ein ebenfalls cremiges Eis zu löffeln.
Meine Spielzeugberaterin gab der Beschäftigung damit eine geradewegs erotische Komponente, indem sie formulierte: „Frauen machen gerne mit dem Milchschaum rum!" Und wie sie sehr fein beobachtete, ist das Häubchen auf dem Kaffee und das Spiel mit dem Löffel darin einerseits so etwas wie ein Zigarettenersatz (wenn man IM Café sitzt und dort Rauchverbot herrscht), andererseits eine willkommene Aufgabe für die Hände, die eigentlich herumwirbeln wollen, weil einem gerade ein toller Mann erstmalig gegenübersitzt.
Cappuccino und Co. sind mittlerweile so etwas wie der Cocktail des Nachmittags, sie machen rein dekorativ entschieden mehr her als die schnöde Tasse Kaffee – schlimmstenfalls noch gefiltert und im Becher oder im Draußengibtsnur-Kännchen serviert.
Für zu Hause gibt es dann so wundervolle Erfindungen wie den Nespresso Aeroccino Milchaufschäumer, der selbst ungenutzt einfach schön aussieht und eben auch daheim feinstes Löffelvergnügen bereitet.
Wichtig beim Schaum ist Kennern, dass etwas „drin ist". Das dürfen geraspelte Schokoladenstückchen sein, einzelne Zuckerpartikel, die nicht bis auf den Boden der Tasse gelangten, oder auch mal eine geschredderte Kaffeebohne.
Freund Eckhart Nickel übrigens bestellte sich bei Starbucks in L. A. ein Getränk und bekam den Gepflogenheiten des US-Konzerns gemäß seinen Namen auf den Becher gekritzelt bzw. eine Kombination aus Getränk und Namen, denn auf der Pappe stand breit und fett in Kinderschrift „Eckhot" – und das wohl nur, weil „Mocca-Frappuccino-Caramel-Blended-Decaf-Low-Fat-Milk-Coffee/Eckhart" nicht draufpasste …

Latte Macchiato

MOBILTELEFON

APPLE
iPhone 3GS

FREIWILD
iPhonehülle, Filz, blau, rot & grün

MOBILTELEFON

Will ich meiner Freundin Kiki eine SMS schreiben, in der ich ihren Namen einbaue, schlägt mir das iPhone-Wörterbuch stattdessen „Kukident" vor.
Vorbei die guten alten Zeiten, in denen es entweder kein oder zumindest ein funktionierendes T-9-Wörterbuch gab und man das schreiben konnte, was man meinte!
Handys sind also nicht mehr reine Gesprächsapparate, was für die von Natur aus gerne stundenlang am Telefon plaudernden Damen besonders wichtig ist, sondern versenden zudem SMS, MMS oder Mails, das sogenannte Smartphone ist längst auch bei Frauen angekommen, nachdem die Kinderkrankheiten durch die etwas verspielteren Männer den Geräten ausgetrieben waren.
Ein Mobiltelefon muss aber nicht nur funktionieren, es soll auch hübsch und möglichst aktuell sein, und es darf keinesfalls in Sachen Robustheit den Kampf gegen Schlüsselbund, Parfumfläschchen und Konsorten in der Handtasche verlieren.
Zärtliche Bande werden mittlerweile zwischen Handy und Besitzerin aufgebaut, nahezu alle Mails, die ich im Rahmen der Zusammenarbeit an diesem Buch von meiner Spielzeugberaterin bekam, trugen die abschließende Zeile: „von meinem iPhone gesendet", was eine bis vor einigen Jahren undenkbare Begeisterung, das dazugehörende Habenwollen! und einen entsprechenden Stolz über den Besitz eines Hightechgerätes zeigt. Zusätzlich wird das iPhone von ihr gleichermaßen anerkennend und es in die Welt der Mode integrierend „kleines Schwarzes" genannt!
Für die siebzehnjährige Tochter einer Bekannten ist das Handy eine Art „tragbare beste Freundin", denn ebenjene ist dank Mobilfunks jederzeit erreichbar – selbiges gilt natürlich auch für den Liebsten und die Familie.
Wichtig für viele Frauen ist auch die Komponente „Pimp My Phone".
Ob es nun kleine, angehängte Dinge sind, ob es ein Strassbesatz ist oder ob es die gerade für das iPhone millionenfach angebotenen Schutzhüllen in allen erdenklichen Farben und Materialien sind, der Kauflust werden keine Grenzen auferlegt!
Alles ist möglich. Eine besonders teure Spielart des Handytunings betreibt seit geraumer Zeit die Firma VERTU, die ihre Telefone mit Gold, Platin oder Diamanten „veredelt" und dafür hohe vierstellige Eurobeträge (oft in russische Rubel oder saudi-arabische Real umgerechnet) verlangt.

VERTU
Signature
Handy, vergoldet

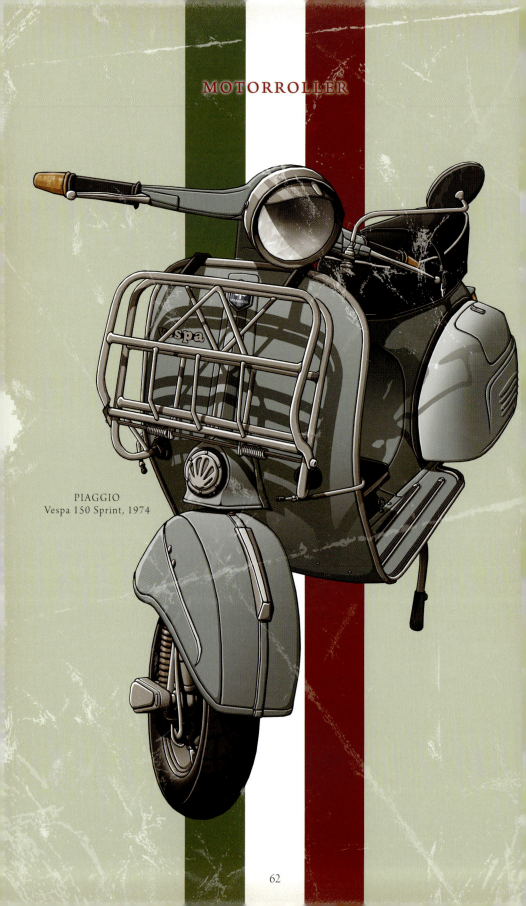

MOTORROLLER

Als kurze Vorbereitung und Einstimmung auf das Thema Roller suchte ich in „Ein Herz und eine Krone" mit Gregory Peck und Audrey Hepburn die Szene, in der die Vespa gezeigt wird. Und blieb vor der DVD kleben, denn erstens ist der Film auch nach fast sechzig Jahren bezaubernd, und zweitens knattern in allen Szenen, die nicht Pecks Appartement, dem Palast oder auf dem Tanzboot stattfinden, durchgehend Vespas durch das schwarzweiße Rom!
1953 allerdings noch ausnahmslos von Männern pilotiert, was sich aber allein durch diesen Film änderte.
Die Vespa, die bis dahin über die Grenzen Italiens hinaus eher unbekannt war, setzte zu ihrem weltweiten Triumphzug an, der durch Reklame, in der hauptsächlich Frauen werbewirksam auf den Rollern saßen, noch unterstützt wurde.
Es mag daran gelegen haben, dass man der Hepburn ähnlich sein wollte.
Was aber auch für den Roller als das motorisierte Zweirad schlechthin für Frauen spricht, ist seine runde, weiche, irgendwie niedliche Form.
Heute wie damals weckt der Roller bei Millionen Frauen das Bedürfnis, einen haben zu wollen.
Und während in den Fünfzigern Motorräder fast immer schwarz waren, so fällt die Herz-Kronen-Vespa schon dadurch auf, dass sie weiß ist.
Ein Top-Argument für heutige Modelle: Es gibt sie in wirklich allen Farben, die man sich wünscht.
Da Frauen nicht mit allem, was einen Motor hat, Geschwindigkeitsrekorde brechen wollen, ist der Roller die perfekte Lösung. In der Stadt oft schneller als das Auto, man kann überall parken, man hat vor den Füßen Platz für die Einkäufe und man muss sich dank der Sitzposition keine Gedanken darum machen, was man anzieht, die Vespa ist der Laufsteg auf Rädern, ein langer Rock funktioniert genauso gut wie der kurze oder die Jeans. Und aufwendig anzuziehende, unbequeme Ledermonturen bei vierzig Grad im Schatten machen Frauen noch viel weniger Freude als Männern.
Kurz bevor Audrey Hepburn alle Verkehrsregeln bricht und schließlich in Gewahrsam genommen wird, möchte Gregory Peck wieder an den Lenker. Der Satz, den sie ihm dann entgegenruft, scheint auch heute noch bis auf die frisurenfressende Helmpflicht uneingeschränkt zu gelten: „Nein, nein! ICH will!" ...

GENSLER
Jethelm Classic
Speziallackierung
„Italia"

MUSIK

APPLE
iPod Nano
16 GB

MUSIK

Frauen lieben Musik und singen für ihr Leben gern, im Auto, unter der Dusche und immer häufiger auf (Playstation-)Sing-Star-Partys!
Die gewählten Stücke sind stets stimmungsabhängig und werden gerne diversen Personen zugeordnet – mit jeder neuen Partnerschaft trudeln in Form von Mixtapes (heute mp3-Ordnern) neue Listen ein, die je nach Beziehungsstatus zu Glück oder Trauer führen können.
DIE Lieblingslieder der Frauen gibt es dabei ebenso wenig wie es DAS Lieblingsessen aller Menschen gibt. Ich persönlich hätte schon arge Probleme, meine eigenen zehn Lieblingsstücke zu benennen, weswegen ich ebenjene Aufgabe gleichermaßen geschickt wie hilflos an vier (farblich unterschieden aufgeführte) Damen verteilte, aus deren jeweiligen Top Ten sich die unten aufgeführte Liste formte. Sie vereint Romantik, Dramatik, Lebenslust und Frustbewältigung. Also: reinhören, eigene Favoriten ergänzen und laut mitsingen!

ABBA: Dancing Queen, ARCHIVE: System, BLACK REBEL MOTORCYCLE CLUB: Ain't No Easy Way, BJØRK: All Is Full Of Love, BLUMFELD: Tausend Tränen Tief, DAVID BOWIE: Moonage Daydream, BROKEN BELLS: The Ghost Inside, MARIA CAREY: All I Want For Christmas Is You, NICK CAVE: Darker With The Day, TONI BRAXTON: Unbreak My Heart, CHEMICAL BROTHERS: Galvanize, PHIL COLLINS: Against All Odds, THE CURE: Lullaby, GEORG DANZER: Weiße Pferde, DATAROCK: I Used To Dance With My Daddy, DORIS DAY: Perhaps, Perhaps, Perhaps, BOB DYLAN: Sara, MARIANNE FAITHFUL: The Ballad Of Lucy Jordan, FINK: Pretty Little Thing, FRANZ FERDINAND FEAT. JANE BIRKIN: Sorry Angel, GENESIS: Mama, ELTON JOHN: Sorry Seems To Be The Hardest Word, BON JOVI: Wanted Dead Or Alive, KAISER CHIEFS: I Predict A Riot, CINDY LAUPER: Time After Time, BARRY MANILOW: Mandy, MARILYN MANSON: Long Hard Road Out Of Hell, DAVE MATTHEWS BAND: Typical Situation, THE MOODY BLUES: Nights In White Satin, MUSE: Supermassive Black Hole, PLACEBO: Without You I'm Nothing, DOLLY PARTON: Jolene, QUEENS OF THE STONE AGE: Go With The Flow, REFUSED: New Noise, SHANIA TWAIN: Don't Impress Me Much, THE SMITHS: I Started Something I Couldn't Finish, SOKO: I'll Kill Her, SUEDE: Animal Nitrate, TOM WAITS: Tom Traubert's Blues, DADDY YANKEE: Gasolina.
Und weil's scheinbar von allen vergessen wurde, trage ich eigenmächtig die eigentliche Nummer eins nach: I Will Survive, aber nicht von Gloria Gaynor, sondern von CAKE!!!

SONY
SingStar
Mikrofone, schnurlos

ORGANIZER

SMYTHSON
OF BOND STREET
Duke Organizer

ORGANIZER

- viel charmanter als digitale Speicher
- ist so etwas wie das moderne Tagebuch
- kann man schön drin blättern und stöbern, auch Jahre später
- ~~kostet weniger als ein Notebook~~
- bietet Platz für allen möglichen Krimskrams wie Fotos, Konzerttickets usw.
- man kann Listen machen (von Hand, mit durchstreichen)
- sieht auf dem Schreibtisch hübscher aus als ein Laptop (viel!)
- duftet gut, nach Leder, nach ~~alt~~ früher
- am wichtigsten sind die Notizenseiten
- fühlt sich gut an, je abgenutzter, desto besser
- man kann hübsche Stifte reinstecken
- gibts in allen Farben und Größen
- kann man zusätzlich als Portemonnaie nutzen
- Daten und Adressen können nie „abstürzen"

FILOFAX
Personal Ascot
Organizer

PARFUM

CHANEL No 5
Anzeige, 24.12.1958
Times Of Cyprus

PARFUM

Damit es zwischen zwei Menschen funkt, müssen sie sich äußerlich attraktiv finden, vielleicht das eine oder andere interessante oder prickelnde Gespräch führen, vor allem aber müssen sie sich riechen können, denn gerade Frauen verfügen über ein hervorragendes Duftgedächtnis und ordnen gute wie schlechte Gerüche sofort bestimmten Menschen und den dazugehörigen Lebensphasen zu.
Ich schätze, Frauen haben ein viel feineres Näschen als wir Männer und verschwinden schneller vom ersten Date, als der Stuhl zurechtgerückt ist, wenn ihnen ein entweder ungewaschener oder parfumtechnisch unpassender Geruch entgegenweht. Aber auch ich kann sagen, dass mir schon unschöne Düfte im wahrsten Sinne des Wortes die Augen öffneten und ich kurz zuvor noch faszinierende Damen bei näherer Beschnupperung eher weniger anziehend fand.
Der Duft muss passen, er muss den Charakter des Trägers unterstützen und man muss – männlich wie weiblich – seine Nase tief hineinstürzen wollen, um mit einem „Aaaah! Du riechst so gut!" sich und der/dem anderen eine Freude zu bereiten.
Ob das Parfum schlussendlich frisch, blumig, schwer oder fruchtig duftet, tut nichts zur Sache, wenn es nur zu einem perfekten Gesamtbild führt.
Nicht ganz unentscheidend beim Erwerb eines neuen Dufts sind auch der Flakon und die Verpackung, das schönste Eau de Toilette verliert immens an Reiz, wenn es dröge, langweilig oder einfach nur schlecht verpackt ist.
Wichtig ist auch ein positives Image des Herstellers: Diddl, Zimbo oder die Deutsche Bahn würden mit ihren Parfums garantiert floppen, wohingegen Traditionsmarken wie Chanel, angesagte Designhäuser wie Gucci oder Dolce & Gabbana sowie kreative Köpfe à la Tom Ford sofort Kaufinteresse wecken, wenn sie neue Düfte auf den Markt schleudern.
Frauen unterscheiden sich in zwei Gruppen, was die Wahl ihres Parfums angeht: Entweder sie wechseln permanent ihren Duft, oder sie sind ihm extrem treu, wobei jede Frau natürlich möglichst einzigartig duften möchte und von einem nur für sie kreierten Parfum träumt, weswegen sie dann gern auf erlesene, aber eher unbekannte Parfums von z. B. Annick Goutal, L'Artisan oder Serge Lutens zurückgreift.

NINA RICCI
L'Air du Temps
1948

GUCCI
ENVY me
2010

PERLE

Rein wissenschaftlich betrachtet, ist eine Perle ein Abfallprodukt bzw. das Resultat entweder einer Verschmutzung oder einer Entzündung, denn die einen behaupten, kleine Sandkörner würde im Inneren der Muschel Lage um Lage mit Perlmutt ummantelt werden, die anderen sind davon überzeugt, dass selbiges mit Zysten passiert, die auf eine kranke Muschel schließen lassen.

Lässt man die Wissenschaft außer Acht, dann handelt es sich bei Perlen um die wohl schönsten, zeitlosesten Schmuckstücke, die die Natur hervorbringt. Sie müssen nicht wie Edelsteine noch in schöne Formen geschliffen werden, sondern sind ohne Bearbeitung wunderhübsch, samtig anzuschauen und wirken am besten in einer schlichten Fassung oder einer einfachen Kette.

Perlen wirken nie verrucht, sie stehen für Reinheit und Unschuld – schon kleine Mädchen fädeln Glasperlen auf und basteln sich ihre ersten Ketten. Die echte Perlenkette ist oft das erste Erbstück, das in der Schmuckschatulle landet, sie ist immer elegant und passt zu edelster Kleidung wie zum T-Shirt.

Und entgegen nahezu allem anderen Schmuck polarisiert sie so gut wie gar nicht: Perlen mögen nahezu alle Frauen, und auch Männer haben nichts an ihnen auszusetzen.

Vielleicht liegt der Reiz an Perlen darin, dass sie auf den ersten Blick perfekt sind, wundervoll changieren und kugelrund daherkommen. Erst auf den zweiten, intensiveren Blick stellt man dann manchmal fest, dass die Kugel eben nicht perfekt ist, dass es kleinste Wölbungen gibt oder Verfärbungen, die aber genau den Charme vermitteln, den Menschen auch haben, gerade weil sie eben nicht vollends makellos sind.

Oft wird der wirkliche Wert der Perlen erst von Frauen zwischen dreißig und vierzig entdeckt, man muss vielleicht wirklich zunächst eine gewisse Reife haben, um die in der Schale gereiften Kugeln zu schätzen.

Und entsprechend zur Pfeife beim Mann, die zuweilen von etwas zu jungen Männern geraucht wird, um erwachsener und reifer zu erscheinen, so werden auch Perlen gerne von Töchtern aus sogenannten höheren Familien, kombiniert mit der Ralph-Lauren-Bluse, dem Halstüchlein, einem Pony und dem Pferdeschwanz, im Ohr und um den Hals getragen, um sich damit direkt in die Welt der angesehenen, älteren Damen der Gesellschaft zu katapultieren.

SCHOEFFEL
Perlenring Happy Day
2010

PFERD

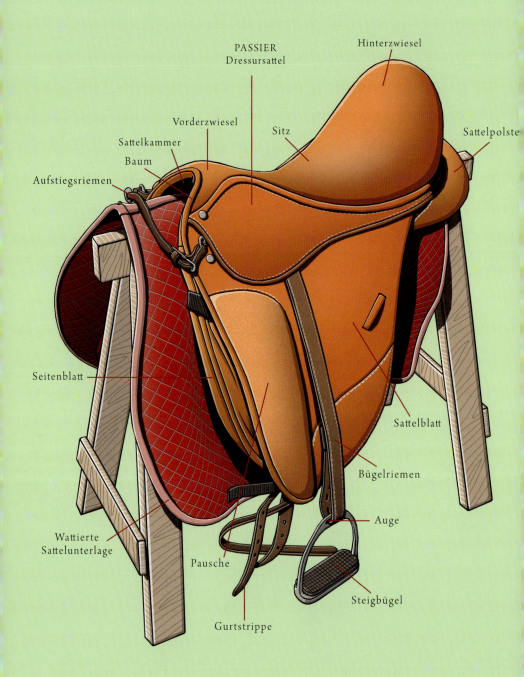

PFERD

Pferde sind wunderschöne Tiere, die sich äußerst grazil und anmutig bewegen, allein die Größe lässt auf Kraft schließen. Und schließlich wird die Power von Automobilen nach wie vor in PS, also Pferdestärken, gemessen, auch wenn offiziell die Bezeichnung kw gültig ist. Diese Kraft zu zähmen, sie sich zu eigen machen und als eher zarte Frau die teils riesigen Pferde exakt in die Wunschrichtung lenken zu können, macht einen Teil der Liebe zu Pferden aus.

Aber Frauen sehen in Pferden nicht nur Kraftpakete, auf denen man Abenteuer erleben kann, die einen durch die Natur tragen und die immer Romantik vermitteln. Nein, sie sind auch da, wenn es einem schlechtgeht, vermitteln durch ihre Ruhe Trost und Stärke, man kann mit ihnen schmusen, oft ist die Beziehung zum Pferd inniger als die zum (menschlichen) Lebenspartner, es ist keine Herr-Diener-Beziehung, sondern eher eine Partnerschaft. Sieht man sich unter diesen Aspekten eine Pferdebox an, könnte man sie durchaus als Kummerkasten bezeichnen.

Die Pferde müssen nicht immer riesig sein, selbst die klitzekleinen, fast schon zotteligen Shetlandponys lassen Frauenherzen höher schlagen – und das meist von früher Kindheit an, als sich Black Beauty, Wendy oder Conny die Wände in Posterform aufgeteilt haben.

Großartig ist natürlich, sich schon zu Schulzeiten entweder ein eigenes Pferd schenken zu lassen oder wenigstens eines zu pflegen.

Erzählen Frauen einem dann, wie unglaublich weich die Nüstern sind, wie absolut wohlig es sich anfühlt, den warmen Atem eines Pferdes im Nacken zu spüren, dann haben sie Gesichtsausdrücke, die der Mann sonst nur sieht, wenn er der Frau einen Antrag macht oder sie mit einem reichlich Karat aufweisenden Diamanten beschenkt.

Wenn dann noch erwähnt wird, dass Pferde wunderschöne Augen mit bildhübschen Wimpern haben, die eine gewisse Traurigkeit vermitteln, und dass sie so gut riechen, dass man permanent die Nase tief in die Mähne stecken möchte, dann hat der Mann so langsam wirklich schlechte Karten, wenn er einfach nur mittelmäßig attraktiv ist, nicht mehr alle Haare auf dem Kopf trägt und Old Spice für den letzten Schrei hält.

Wenn jetzt der Mann immer noch nicht begreift, wieso Frauen Pferde so sehr lieben, dann sei er daran erinnert, dass es höchstwahrscheinlich eine drei bis vier Jahre dauernde intensive Phase gab, in der ausschließlich „Cowboy" als Berufswunsch auf seiner Liste stand!

DRESSURREITEN

Passage — Traversale — Passage

PICKNICK

OPTIMA
Picknickkorb Chambray
für zwei Personen

PICKNICK

Nizza, 1954, obere Corniche: Grace Kelly alias Frances Stevens hat Cary Grant, den sie für den berühmten Juwelendieb John-„die Katze"-Robie hält, zu einer Ausfahrt eingeladen, und nachdem sie eine Verfolgungsjagd gegen die französische Polizei siegreich beendet hat, fährt sie auf einen Parkplatz mit atemberaubendem Blick auf Nizza. Dem folgenden Dialog wurde damals eine eindeutig sexuelle Richtung nachgesagt:

Grace Kelly: Wollen wir jetzt nicht etwas essen?
Cary Grant: Sehr gern!
Grace Kelly: Der Picknickkorb steht hinten drin!
Cary Grant: Hmhm ... (maulig, holt den Korb aus dem Kofferraum)
Grace Kelly: Sie brauchen jetzt was Kräftiges ... wollen Sie Keule oder Brust?
Cary Grant: Das überlasse ich Ihnen ...

Sexuelle Andeutung hin oder her, der Klassiker unter den Picknickzutaten fehlt auch im von Grace Kelly gepackten Korb nicht: das Hühnchen, aus praktischen Gründen schon tranchiert.
Was letztendlich an kulinarischen Hochgenüssen eingepackt wird, sollte man im Vorfeld mit dem/den Beteiligten abstimmen.
Ob es dann Bier oder Wein ist, ob Champagner oder Sekt, ob und wenn ja welches Obst, welcher Käse und wie viel davon, ob ein Baguette die Beilage darstellt oder ob es Kartoffel-/Nudelsalate sind, ob man tatsächlich Hühnchen wählt oder doch kleine Schnitzelchen, ist letztendlich egal, denn meistens ist schon das Ambiente in der freien Natur derart ungewöhnlich und beeindruckend, dass alles hervorragend schmeckt.
Damit der Genuss möglichst ungestört stattfinden kann, empfiehlt es sich, folgende Dinge tunlichst dabeizuhaben: eine einseitig beschichtete, nässeabweisende Decke, Salz und Pfeffer, Servietten, Mückenspray, Feuerzeug, Korkenzieher/Flaschenöffner, Sonnencreme, Toilettenpapier, Kerzen, Regenschirm, große Müllbeutel und eine Taschenlampe, falls man ein wirklich schönes Picknick bis in die Nacht verlängert und irgendwie zurück zum Auto finden muss.

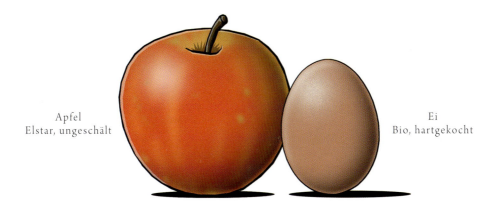

Apfel
Elstar, ungeschält

Ei
Bio, hartgekocht

PORTEMONNAIE

VOLKER LANG
Kellnerbörse groß PK 1
Kroko grün

PORTEMONNAIE

Man muss oft ganz schön genau hinschauen, um zu erkennen, dass es sich um ein Portemonnaie handelt und nicht um eine Handtasche, was Frauen da bei sich haben.
Als ständiger Begleiter beinhalten Portemonnaies neben Geld, Kreditkarten und Ausweisen viel wichtigere Dinge wie Fotos von den Lieben, den Haustieren, Eintrittskarten toller Konzerte oder Kinobesuche, Abholscheine für Schuster oder Reinigung und tonnenweise Quittungen, die einen einfachen Umtausch garantieren.
Das Fatale ist allerdings, dass zwar alles gehortet und nach einer sogenannten „Ordnung" sortiert ist, aber immer wieder stehen Frauen vorm Tresen und finden genau den Abholschein für die Schuhe nicht oder gehen mit dem zu kleinen Pulli wieder nach Hause, weil der Zettel weg ist.
Was aber so nicht stimmt. Steht eine Frau Jahre später für ein Kleidchen zwecks Umtausch an der Kasse, reicht dieses mit der dazugehörigen Quittung lächelnd der Verkäuferin, dann ist folgender Kommentar nicht ungewöhnlich: „Äh ... das kann ich Ihnen nicht umtauschen. Die Quittung ist zweieinhalb Jahre alt und für einen Pullover in Größe 34!"
Im Gegensatz zu den meisten Dingen, die Frauen (mit sich) tragen, darf bzw. muss das Portemonnaie gerne Gebrauchsspuren zeigen, wird es doch auch mit zunehmendem Alter immer weicher und mehr und mehr zu einem dauernd genutzten Handschmeichler.
Das Portemonnaie an sich wird also schon geliebt, die Füllung macht es nur noch bedeutender.
Umso schlimmer ist es, wenn ein solches verlorengeht oder gestohlen wird. Wobei das abhandengekommene Geld und die anschließende Rennerei betreffs Kreditkartensperrung/-neubeantragung und die Behördengänge wegen neuer Papiere das geringste Übel sind.
Jede Frau weiß, dass es sie Jahre kosten wird, ein neue Börse mit all den Schätzen zu füllen, die sie erst zu ihrem Portemonnaie machen, und dieses dann in mühevoller Feinarbeit mit dem geliebten echten Vintage-Look zu versehen. Mein Tipp: bevor etwas im Portemonnaie verschwindet, eine Kopie davon anfertigen und diese fein abheften.
Und schwupps ist das Backup-Portemonnaie erfunden!

BETHGE
Brieftasche
Python

PORZELLAN

MEISSEN
Große Platte/Drachenreihe „Eagle's Nest" – 2010
Design 1730/1735

PORZELLAN

Ein ganz wichtiger Punkt in Sachen gemeinsamer Nestbau ist das Geschirr, gerne wird sich bereits zur Hochzeit der Grundstock einer zukünftig kompletten Ausstattung für möglichst viele Personen als Geschenk gewünscht. Entweder fängt man paarweise bei null an, oder man versucht, das durch diverse Unfälle stark dezimierte Erbporzellan von Oma wieder in ganzer Schönheit und Tellerstärke zusammenzubekommen.
Denn meistens kann man sich arrangieren, was Möbel, Lampen und Konsorten angeht, wildes Tohuwabohu im Geschirrschrank kann aber keine Frau ertragen.
Ich habe schon Damen erlebt, die beim Anblick des von mir gedeckten Frühstückstischs, der mit zwei verschiedenen Tellern, weder dazu noch zueinander gehörenden Tassen, vollkommen unterschiedlichen Eierbechern und wild gemixtem Besteck zugegebenerweise nicht sehr hübsch bestückt war, körperlichen Schmerz empfanden. Was für alle Zeiten Tisch-Deck-Befreiung nach sich zog, ganz besonders wenn Gäste kommen.
Geschirr ist für die meisten Männer etwas, auf dem man die geschmierten Stullen hervorragend vor den Fernseher tragen kann. Mir geht jedes Mal das Herz auf, wenn ich im Gegensatz dazu einen von Frauenhand zubereiteten TV-Teller serviert bekomme: Es werden zwei Sets ausgelegt, Messer und Gabel platziert, dann die gleichen mit Gürkchen, Tomätchen und belegten Brotecken bestückten „guten" Teller und schließlich kleine Salz- und Pfefferstreuer dazugestellt! Das Bier und der Wein werden dadurch geadelt, dass sie aus erlesenen Gläsern und nicht wie sonst im Falle des Gerstensaftes direkt aus der Flasche getrunken werden. Vollends verrückt ist die Tatsache, dass solche Schnittchen paarweise auf Hutschenreuther angerichtet tausendmal leckerer sind als die von Männerhand auf irgendeinen Teller geklatschten Brote mit exakt demselben Belag.
Jede Frau hat natürlich neben dem erlesenen auch noch ein klassisches Alltagsgeschirr, welches Gäste aber eher selten zu Gesicht bekommen werden, das aber selbstverständlich auch komplett für zwölf Personen mindestens vorhanden ist.
Männer wissen übrigens sofort, dass das in die gemeinsame Wohnung mitgebrachte Geschirr nicht den ästhetischen Vorstellungen der Dame entspricht, wenn sie beim Auspacken folgenden Satz hören: „Ach, das ist ja praktisch, Schatz! Du weißt, dass wir in zwei Wochen bei Ludger und Tanja zum Polterabend eingeladen sind ..."

MEISSEN
Große Schüssel (Detail)
1730/1735

ROYALS

Frauen lieben alles, was mit blauem Blut zu tun hat. Skandale, Liebesgeschichten, Tragödien und ganz besonders Hochzeiten.
Und wenn wir Männer mal etwas ehrlicher wären: Ganz kalt lassen uns die pompösen, königlichen Vermählungszeremonien auch nicht, wie am 19. Juni 2010 die Einschaltquoten für die Übertragung der Hochzeit von Prinzessin Victoria von Schweden mit dem bis zum Jawort bürgerlichen Daniel Westling zeigen, während parallel im Rahmen der Fußball-WM kaum jemand die Spiele Niederlande gegen Japan und Ghana gegen Australien sah!
Gott sei Dank ging 2006 der Kelch einer im Fernsehen gezeigten Heirat von Ferfried „Foffy" Prinz von Hohenzollern und Tatjana Gsell kurz vor knapp wegen versiegter Liebe an uns allen vorbei!
Es muss aber nicht immer der absolute Glamour sein, der die Frauen an den Royals dieser Welt fasziniert, gerade der Gegensatz von offensichtlicher Märchenwelt und durchaus bürgerlichen Problemen fasziniert.
Was hat die arme Lady Di leiden müssen, war sie doch mit einem Mann verheiratet, der lieber sein Leben mit einer eher zerknautschten Dame verbringen wollten als mit der alle außer ihn verzaubernden Prinzessin!
Und als ob das nicht schon Strafe genug wäre, engagiert sie auch noch einen Fahrer, der nicht unbedingt Geschick im Befahren eines Tunnels beweist und sie in die Wand und leider auch den Tod chauffierte.
Oder Caroline von Monaco, die miterleben musste, wie ihre Mutter eine Kurve bei Monaco verpasste, der Vater ihrer Kinder die Kontrolle über sein Rennboot verlor, und die dann anscheinend einen tiefen Griff ins königliche Klosett tat, indem sie einen prügelnden, dem Alkohol treuer als ihr ergebenen deutschen Prinzen zum Gatten wählte.
Herrlich aber auch Bilder der britischen Königin, die, klitzeklein, mit Kopftuch und kaum übers Lenkrad gucken können, in Barbourjacke und -gummistiefeln durchs schottische Hochland fährt und stets von gefühlten hundert Corgis umzingelt ist! Wenn es nicht die Queen wäre, dann hätte man das größte Bedürfnis, diese bezaubernde alte Dame nach Herzenslust zu drücken, mit ihr Kekse zu backen oder sich Geschichten vorlesen zu lassen und sie nicht mit „Königliche Hoheit", sondern mit „Omi" anzusprechen!

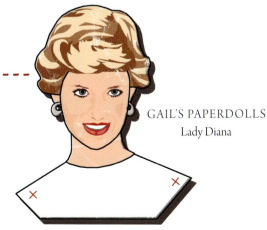

GAIL'S PAPERDOLLS
Lady Diana

SCHAL

ETRO
Seidenschal

SCHAL

Was waren das noch für Zeiten, als man auf das Thermometer schauen musste, um zu wissen, dass ein Schal angebracht war.
Er gehörte zu Schnee, Winter oder Erkältung.
Heutzutage wird er – immer mehr auch von Männern – ganzjährig getragen, gerne auch zu einem Top oder T-Shirt bei vierzig Grad im Schatten.
Panikattacken am Ankunftsflughafen Victoria/Seychellen, die aus dem vergessenen Schal resultieren, bekommt man schnell in den Griff, weil der Sommerschal mittlerweile auch in den verstecktesten Ecken der Welt angekommen ist und man noch am Airport für Nachschub sorgen kann.
Denn eine Frau MUSS einen Schal dabeihaben, durchaus als spontanen Jackenersatz bei plötzlichem Kälteeinbruch.
Und wurden früher die eher edlen Tücher von Hermès oder Etro noch gekonnt gebunden, geknotet oder gewickelt, so gilt es heute, auch feinste Seide möglichst locker um den Hals zu werfen.
Was auch dem Palästinensertuch (das eigentlich ein von Männern getragenes Kopftuch ist) den Umzug aus dem alternativen, politisch Farbe bekennenden Bereich in die Welt der angesagten Modeartikel ebnete und Lala Berlin dazu anregte, eine Kaschmirvariante auf den Markt zu bringen.
Denn Kaschmir ist unendlich weich, leicht, schmeichelt der Haut und ist wie eine sanfte Umarmung, weswegen manche Frauen Kaschmirschals bei Abwesenheit des Liebsten auch gerne als Streichelersatz nutzen. Umgekehrt legen sich manche Männer den nach ihrer Partnerin duftenden Schal aufs Kopfkissen, wenn diese mal verreist ist.
Eigentlich nicht empfehlenswert, weil wirklich anstrengend, ist der Film „9 1/2 Wochen", in dem Mickey Rourke den ersten Körperkontakt mit Kim Basinger hat, als er ihr den Dreihundert-Dollar-Schal von hinten umlegt, den sie sich Stunden vorher auf dem Flohmarkt nicht leisten konnte. Mit seinem Satz „Sagen Sie nicht, ich hätte Sie vorher nicht gewarnt!" geht dann die nur in den Achtzigern zu ertragen gewesene Odyssee durch Betten, auf Tischen und vor Kühlschränken los.
Heute würde man am liebsten mit einem gekonnten Schalwurf dieses Spektakel beenden, wenn die Fernbedienung gerade nicht greifbar wäre ...

LALA BERLIN
Seidenschal Cube Flow

SCHAUMWEIN

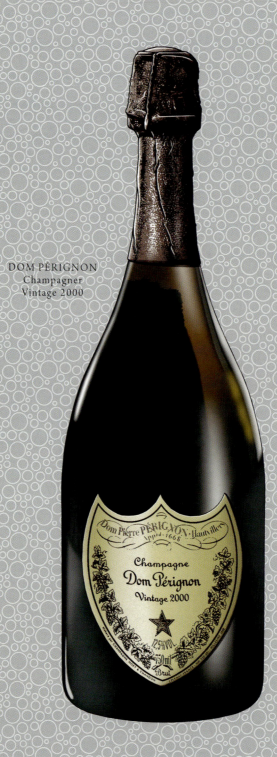

DOM PÉRIGNON
Champagner
Vintage 2000

SCHAUMWEIN

„Brüder. Kommt geschwind. Ich trinke Sterne!"
So soll es der Mönch Dom Pérignon vom Orden der Abtei Saint-Pierre d'Hautvillers ausgerufen haben, als ihm eher per Zufall die Schöpfung seines Lebens gelang. Technisch gesprochen schaffte er es, den in Flaschen gegorenen Weinen die Hefe zu entziehen, die Kohlensäure dabei aber zu retten. Kulturell gesehen ist ihm gelungen, für die bis heute folgenden 350 Jahre das Frauengetränk schlechthin zu kreieren!
Champagner ist mondän, teuer und somit allein dadurch mit den Reichen und Glamourberühmten dieser Welt verbunden. Durch den Genuss eines Glases ist man immer auch Teil dieser illustren Gesellschaft, er belebt und führt selten zu stumpfen Besäufnissen.
Man tut es Marilyn Monroe gleich, die Dom Pérignon als ihr Lieblingsgetränk nannte – und dies durch regelmäßigen Konsum bestätigte.
Auf Sylts sogenannter Whiskeymeile ist Champagner völlig zu Unrecht NICHT das namengebende Getränk, die Luft ist förmlich schaumweingeschwängert in der Nähe von Gogärtchen, Rauchfang oder Pony.
Apropos Whiskey und Champagner: Zum Beweis, dass Champagner wirklich DAS Frauengetränk ist, muss man nur als Mann ebenjenen für sich bestellen und für die Frau einen Whiskey ordern, zu hundert Prozent wird der die Gläser heranschaffende Kellner, ohne sich rückzuversichern, den Schampus vor der Dame und das irische Destillat vor dem Herrn platzieren!
Fast noch frauentypischer ist inzwischen allerdings der Prosecco, trank man früher vorneweg einen Veuve Clicquot oder Taittinger, so ist es seit ein paar Jährchen eben der „prickelnde Wein" (Vino Frizzante).
Da er nicht ganz so nobel ist wie der ein halbes Jahrhundert ältere Bruder, er auch nur einen Bruchteil davon kostet, war es nahezu logisch, den Prosecco irgendwann in Dosen abzufüllen, statt ihn auf einer schneeweißen Decke in schönsten Gläsern zu reichen. Dass eine tatsächlich nichts außer reiche Paris Hilton, die Hündchen nur mag, wenn sie das Gewicht einer 0,2-l-Dose nicht übersteigen, das Werbegesicht für RICH-Prosecco wurde, scheint fast schon selbstverständlich ...

RICH
Prosecco

SCHOKOLADE

SCHOKOLADE

„Ich will keine Schokolade, ich will lieber einen Mann!", sang 1965 Trude Herr.
„Schokolade ist besser als Sex!", sagte vor zwei Tagen meine Freundin.
Was auch durch meinen schlechten Kalauer „Zehn Sekunden im Mund, zehn Jahre auf den Hüften!" nicht wirklich entmachtet wurde.
Denn offensichtlich ist Schokolade für Frauen DER Glücklichmacher schlechthin, der in allen Varitionen stets zuverlässig funktioniert.
Die sogenannte Vollmich-Frustbewältigung wird deswegen mehr und mehr von Schokoladen verdrängt, die außer Benzin und Kartoffeln anscheinend alles beinhalten können, was auf der Erde wächst.
Trends wie der immer mehr steigende Kakaobohnengehalt versprechen zudem, dass der weltberühmte Dickmacher nur noch geringfügig ansetzt.
Gewürze, die man eher in deftigen Speisen vermutet, wie Chili oder Pfeffer, fanden schon vor Jahren ihren Platz in den Konfiserien und halten nun Einzug in Supermärkten.
Dass Schokolade heute so aussieht, wie sie aussieht, und die bekannte cremig zarte Konsistenz hat, ist dem Schweizer Schokoladenhersteller Rodolphe Lindt zu verdanken, der 1879 die Conchiermaschine erfand.
Seltsamerweise wird ebenjene seit ein paar Jahren von einem Synchronsprecher, der mich persönlich allein durch seine Stimme an den Rand des Wahnsinns treibt, als etwas Besonderes für die Lindt-Schokoladen verkauft, obwohl weltweit niemand seine Schokolade NICHT conchiert.
Ein absoluter Gegensatz zwischen Männern und Frauen scheint die Einstellung zur klassischen Vollmilchschokolade zu sein: Frauen lieben sie, Männer vermissen darin etwas Knuspriges, Knackiges und finden sie eher langweilig.
Phänomenal ist das Verhalten einer Freundin, die nachts nur dann durchschläft, wenn sie weiß, dass keine (Vollmilch-)Schokolade im Haus ist.
Ist welche da, steht sie mehrmals auf bzw. ist mittlerweile so clever, sie direkt neben dem Bett zu platzieren, um dann ein Stückchen zu verputzen, wieder einzuschlafen und diese Prozedur schließlich so lange zu wiederholen, bis sie weiß, dass keine Schokolade mehr im Haus ist ...

MILKA SUCHARD'S
Alpen-Milch Chocolade
1901

RITTER
Sport-Schokolade
1932

SCHUHE

CHRISTIAN
LOUBOUTIN
Mary Jane's

SCHUHE

Wenn Männer Autos pimpen, indem sie diese heckseitig höher legen und den Unterboden rot lackieren, dann werden sie von den meisten Frauen als „Asi", „Prolet" oder gerne auch schlicht als „Idiot" bezeichnet.
Wenn Männer Schuhe pimpen, indem sie diese hinten sehr viel höher legen und sie dann unten rot färben, dann werden sie – zumindest im Falle von Schuhdesigner Christian Louboutin – als „Gott" oder „Genie" bezeichnet und bekommen unverhältnismäßig hohe Geldbeträge in den Rachen geworfen. Ähnliches gilt natürlich auch für die Entwürfe von z.B. Sigerson Morrison, Roger Vivier, Jimmy Choo und Manolo Blahnik.
Was dem Mann die Garage (mit möglichst mehr als einem möglichst mehr als nutzlosem Kraftfahrzeug) ist der Frau der Schuhschrank (mit ebenfalls deutlich mehr als einem deutlich mehr als teuren Schuh).
Und wo bei ihm durchaus unpraktische Zweisitzer in die Sammlung gehören, da dürfen bei ihr sebstverständlich Stilettos geparkt sein, die mit dem ursprünglichen Zweck eines Schuhs – dem Darinlaufenkönnen – so viel gemein haben wie ein Löwe mit Kartoffelsalat!
Was aber treibt Frauen dazu, sich absolut unvernünftige Schuhe zu kaufen? Sie machen einen größer, sie sorgen für einen Stand, der die Beine länger macht, und man bekommt einen härteren, bestimmenderen Gang, gepaart mit einem Hüftschwung, der, beabsichtigt oder nicht, auch Männerherzen und -augen erfreut!
Rechnet man einmal die Laufleistung eines Damenschuhs in Metern (oft weit unter hundert), so verwundert es umso mehr, dass dauernd neue davon gekauft werden MÜSSEN, denn nach männlichem Dafürhalten sind Schuhe, die gerade einmal hundert Meter getragen wurden, mit dem Begriff „fabrikneu" zu versehen oder auf Ebaydeutsch: „ungetragen".
Frauen allerdings unterscheiden schlau Sitz-, Steh-, Geh- und Laufschuhe, was dann für den Sitz- und Stehschuh die meist unbefleckte Sohle erklärt.
Während die Frau früher dadurch Männer zur Weißglut bringen konnte, stundenlang in Schuhläden zu verweilen, so ist die moderne Art der Folter das Klingeln des Paketboten mit dem nächsten Dutzend Schuhen am frühen Samstagmorgen.
Falls der Gatte nicht versteht, wie die reiche Auswahl zu der Äußerung führen kann, man hätte nichts anzuziehen, dann setze man ihm eine Speisenkarte mit ausschließlich Currywurst, Schnitzel, Steak, Haxe und Eisbein vor die Nase – er wird sich ewig mit der Wahl beschäftigen und sich beim Anblick der bestellten Haxe denken: Hätte ich mal das Schnitzel genommen ...

CHRISTIAN LOUBOUTIN
Mary Jane's

SONNENBRILLE

OLIVER PEOPLES
Sonnenbrille Anisette
2010

SONNENBRILLE

Als 1983 ein gewisser Corey Hart die seltsame Zeile „I Wear My Sunglasses At Night!" sang, da dachte man noch: Was für ein Spinner!
Was für ein Trendsetter, würde man heute sagen müssen, denn eine Sonnenbrille ist längst nicht mehr ausschließlich ein Schutz vor ultravioletten Strahlen, sondern an allererster Stelle ein Modeaccessoire, das unabhängig von Licht- und Raumverhältnissen dauerhaft getragen wird.
Die wohl zeitloseste und durchgehend extrem angesagte Brille ist die Aviator von Ray Ban, die ihrem Namen entsprechend ursprünglich für Piloten entwickelt wurde, die extremer Sonnenbestrahlung ausgesetzt sind. Und die diese Brille auf der Nase trugen – und nicht, wie es mittlerweile Schule gemacht hat, auch als Spangenersatz in den Haaren.
Immer noch funktionieren die getönten Gläser als Schutz, wenn auch mehr und mehr vor den neugierigen Blicken anderer, weswegen die Sonnenbrille das Accessoire der Prominenz aus Film und Fernsehen schlechthin ist.
Außerhalb der eigenen vier Wände stellt sie das letzte Fitzelchen Anonymität und Schutz vor Paparazzi dar, denn nichts verrät den Gemütszustand so sehr wie die Augen.
Die Riesenbrillen à la Puck, die Stubenfliege (z.B. von Oliver Peoples), kaschieren zusätzlich kleine Fältchen und die Spuren der letzten Nacht, können also durchaus als Kosmetika bezeichnet werden.
Die Form der Brille ist eigentlich relativ unwichtig, wenn man ehrlich ist, sehen, bis auf wenige Ausnahmen, Sonnenbrillen IMMER cool aus, ob es sich um Klassiker wie die schon erwähnte Ray Ban Aviator oder den Rock-'n'-Roll-Bruder Wayfarer handelt. Selbst die an Werbeplakate erinnernden Brillen von Prada, Versace oder Gucci, deren Markennamen in riesigen Lettern die ebenso großen Bügel zieren, sehen an den meisten Menschen nicht hässlich aus. Zudem machen Sonnenbrillen nicht nur ihre Träger jünger und mondäner, sondern auch den Wohnort, denn selbst in nordfriesischen Kleinststädten hat die Sonnenbrille mittlerweile auch im Winter eine von den früher noch staunenden Dorfbewohnern unkommentierte Existenzberechtigung.
Und auch die Kinder sind schon große Fans der Sonnenbrille: Ich fragte jüngst die zweijährige Tochter einer Freundin, die das Miniaturmodell ihrer Mutter (falschherum und mit den Bügeln IN den Ohren) trug, was denn das für eine Brille sei.
Die Antwort vermittelte mir den Eindruck, ich sei der dümmste Mensch der Welt und hätte eben die dämlichste aller Fragen gestellt, denn aus dem Kindermündchen kam ein leicht überheblich klingendes „Na, 'ne coole!".

RAY BAN
Aviator
1936/2010

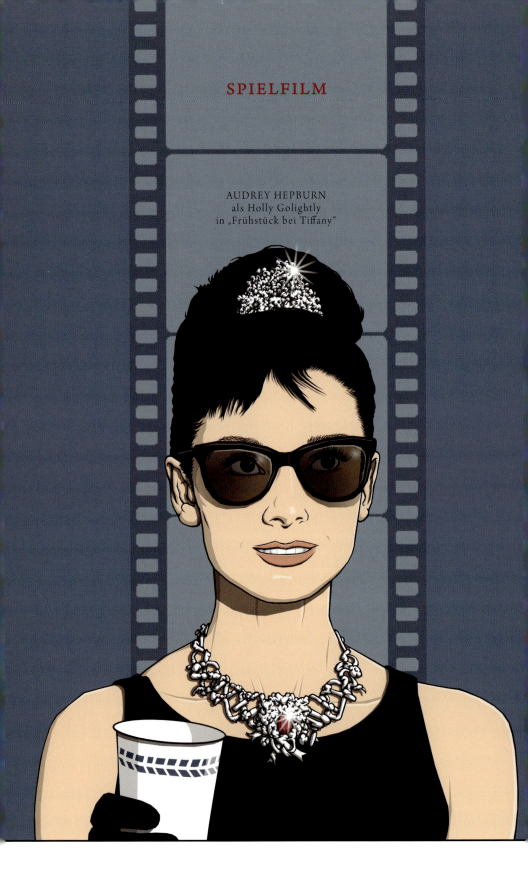

SPIELFILM

Frauen gucken nicht ausschließlich Liebesfilme oder Schnulzen, es darf auch mal etwas härter oder lustiger sein. Und am liebsten gucken sie zusammen, im Kino – denn Frauen sind große Cineasten – oder zu Hause auf DVD-Abenden. Deswegen sollten sowohl würzige Knabbereien als auch saugstarke Taschentuchpäckchen auf dem Couchtisch bereitgestellt werden, um der als unverbindlicher Vorschlag gemeinten Liste von Spielfilmen unten einerseits tränentrocknend, andererseits spannungsbewältigend entgegentreten zu können.

BLONDINEN BEVORZUGT USA, 1953, „Diamonds Are A Girl's Best Friend"
CASABLANCA USA, 1942, laut American Film Institute der beste Liebesfilm aller Zeiten
DAS PIANO AUS/NZ/F, 1993, Holly Hunter spielt alle Klavierstücke selbst
DIE FRAUEN USA, 1939, hat eine zehnminütige Modenschausequenz in Technicolor
DIE LEGENDE VON PAUL UND PAULA DDR, 1973, DER DDR-Liebesfilm
DIRTY DANCING USA, 1987, The Time Of Patrick Swayze's Life ...
DREI NÜSSE FÜR ASCHENBRÖDEL ČSSR/DDR, 1973, DER Weihnachtsfilm
EIN MANN, EINE FRAU F, 1966, Oscar für bestes Drehbuch
FRÜHSTÜCK BEI TIFFANY USA, 1961, Audrey singt: „Moon River"
GEFÄHRLICHE LIEBSCHAFTEN GB/USA, 1988, Malkovich ohne Nespresso
HARRY UND SALLY USA, 1989, bester vorgetäuschter Orgasmus der Filmgeschichte
SISSI AU, 1955, Kaiserin Romy erobert die Welt
ÜBER DEN DÄCHERN VON NIZZA USA, 1955, Grace Kelly wird zu Gracia Patricia
IN THE MOOD FOR LOVE HK/TH/F, 2000, Maggie Cheung wechselt jede Szene das Kleid
INTERVIEW MIT EINEM VAMPIR USA, 1994, Banderas, Cruise UND Pitt
JENSEITS VON AFRIKA USA, 1985, romantischster Flug der Filmgeschichte
JULES UND JIM F, 1962, beruht auf der wahren Dreiecksgeschichte des Autors
KILL BILL USA, 2003, „Rache ist ein Gericht, das man am besten kalt serviert."
MAMMA MIA! GB/USA, 2008, Cameo-Auftritte von Benny Andersson/Björn Ulvaeus (den B's aus ABBA)
PRETTY WOMAN USA, 1990, „La Traviata" im und als Film
THELMA UND LOUISE USA, 1991, erstes Roadmovie mit zwei weiblichen Protagonisten
VOM WINDE VERWEHT USA, 1939, kommerziell erfolgreichster Film aller Zeiten

MARILYN MONROE
als Sugar Kane Kowalczyk
in „Manche mögen's heiß"

STIEFEL

Over
Under

MANOLO BLAHNIK
Seidene Overknees

STIEFEL

Vorab und auch wenn ich nicht zu der Fraktion der Hasser gehöre: UGG-Boots heißen nicht so, weil der Begriff von „ugly" hergeleitet wurde.
Einzigartig in der Geschichte der Fußkleider polarisieren die australischen Kultstiefel, entweder man liebt sie oder man hasst sie. Was sowohl für Frauen als auch für Männer gilt.
Gegner halten sie für eine Schande, klobig und schönen Beinen gegenüber geradewegs unfair.
Die Fans hingegen behaupten, sie seien unendlich bequem, würden hervorragend das Frauenproblem Nummer eins – die kalten Füße – lösen, und könnten dank ausgezeichneter Atmungsaktivität auch im Sommer getragen werden. Das übrigens, wie vom Hersteller so vorgesehen, am besten barfuß.
Wie auch immer, dieser Klassiker ist aus dem Straßenbild ebenso wenig wegzudenken wie die ebenfalls schon lange angesagten, sowohl klassischen als auch topmodernen Reiterstiefel, wie sie z.B. von Hermès hergestellt werden, die den an sich nicht sehr eleganten dazugehörigen Steigbügel sogar als Muster auf ihre edelsten Schals drucken.
Grundsätzlich sind Stiefel oft sehr sexy, obwohl (oder weil?) sie recht viel Bein verdecken, sie vermitteln stets eine gewisse Power verbunden mit einem selbstbewussten Standing.
Die zumindest bei Männern erotischste Wirkung dürften Overknees haben, da diese oft mit eher kurzen Röckchen oder Hot Pants kombiniert den Blick auf reizende Beine gewähren.
Sind sie aus Stretchlack oder Latex, so ist die Trägerin entweder professionell eher horizontal tätig oder möchte sich bewusst etwas Verruchtes andichten. Diese Art Stiefel wird auch als Bettstiefel bezeichnet und verdankt ihre Materialität der benötigten Dehnbarkeit, die das Hereinschlüpfen erst möglich macht.
Stiefel können ähnlich wie Schuhe hochhackig sein, mit flachen Absätzen, aus Leder, mit Reißverschluss oder zum Schnüren, und fungieren in dieser Vielfalt als individuelle Visitenkarte. Fast noch mehr als Pumps & Co. sind sie Spiegel der Persönlichkeit.
Wer als Mann seiner Liebsten einen Nikolausstiefel füllen möchte, der achte darauf, nicht das Tausend-Euro-Prada-Paar zu greifen und den reichlich mit Schokolade gefüllten Stiefel dann möglichst in den gekühlten Hausflur und nicht an die auf volle Pulle gedrehte Heizung zu stellen.

UGG AUSTRALIA
Ugg Boots Classic Short

STIFT

Früher machte man sich seine Notizen ausschließlich mit Kugelschreiber, Füller oder Bleistift, in Zeiten von Notebooks, Handys und Smartphones ist das nicht mehr so. Was zur Begleiterscheinung hat, dass schöne Handschriften massiv vom Aussterben bedroht sind!
Schöne Schreibgeräte Gott sei Dank nicht, im Gegenteil: Sie werden sozusagen dadurch geadelt, dass man sie ganz bewusst einsetzt, wenn beispielsweise etwas besonders hübsch geschrieben werden soll, man ein Statussymbol unauffällig auffällig in einer Besprechung in der Hand hält oder wenn auf dem Schreibtisch extra eine Dekoschale drapiert wird, in der der edle Aufziehfüller gut sichtbar platziert wird. Viele Frauen erzählen, nur schweren Herzens an der Ladentür einer guten Papeterie vorbeigehen zu können. Mit einem schönen Stift auf schönem Papier zu schreiben sei ein wunderbar luxuriöses Gefühl – und tatsächlich schreiben Frauen vom Tagebuch bis zum privaten Brief ausführlicher als Männer mit der Hand. Neben eher pompösen Stiften für den Herrn sind Frauenstifte grazil, mitunter fein ziseliert und mit Einlegearbeiten verziert. Und nicht wenige Frauen wählen das Material ihres Stiftes passend zum Ring aus. Mit welchen Stiften die Unterschriften des folgenden Ratespiels geleistet wurden, ist mir zwar nicht bekannt, aber einige weisen eindeutig den fließenden Strich eines Qualitätsschreibgerätes auf.

MONTBLANC
Füllfederhalter
Ingrid Bergman „La Donna"

(1: Kylie Minogue, 2: Sarah Jessica Parker, 3: Barbra Streisand, 4: Paris Hilton, 5: Angela Merkel, 6: Julia Roberts, 7: Catherine Zeta-Jones, 8: Kate Moss, 9: Jennifer Aniston, 10: Jane Fonda, 11: Marilyn Monroe, 12: Marlene Dietrich, 13: Joanne K. Rowling, 14: Doris Day, 15: Ingrid Bergman)

STRUMPF

Einer der beeindruckendsten Momente meines Lebens war der, in dem ich Zeuge davon wurde, wie in einem Zwei-Sterne-Restaurant offensichtlich vor Zeugen eine Frau abgestochen wurde. Dachte ich! Das, was da wie am Spieß schrie, war eine Frau, die sich – wie ich später erfuhr – in dem Lokal nach dem dritten Wechsel an exakt derselben Stuhlkante die vierte Strumpfhose mit einer Laufmasche ruiniert hatte.
Ich lernte fürs Leben, mein nett gemeinter Satz „Das ist doch nur eine Laufmasche!" muss bei der knallroten Person wie eine Majestätsbeleidigung angekommen sein, denn sie setze sich mit einem gar nicht so schlecht geworfenen Aschenbecher sofort zur Wehr.
Mit anderen Worten: Frauen können wirklich wütend werden, wenn ihnen eine Strumpfhose kapeistert.
Wahrscheinlich hängt dies damit zusammen, dass Frauen ihr Leben damit zubringen könnten, die perfekten Strümpfe zu finden, laut Spielzeugberaterin sei dies eine ewige Jagd. Entweder sie glänzen zu viel oder zu wenig, wenn sie jedoch den perfekten Glanz haben, dann gehen sie schneller kaputt als andere oder schlagen gar unschöne Falten.
Hat man endlich nach jahrelanger Suche „seine" Strümpfe gefunden, dann braucht man sich bis zum Tod nur die Frage stellen, welche Farbe zu kaufen/tragen ist.
Der blickdichte Strumpf, so wurde mir berichtet, sei im Übrigen ein Mittel nicht mehr blutjunger Damen, die Altersgrenze etwas zu verschieben: Er gestattet das Tragen von kurzen Röcken, ohne dabei anstößig zu wirken – er bleibt seriös, da zwar die Beinform zu erkennen ist, das Bein aber nicht nackt ist. Des Weiteren sei es mit blickdichten Strümpfen und dazugehörigem Kleid/Rock möglich, bei Vertragsverhandlungen entscheidend bessere Ergebnisse zu erzielen.
Ich empfehle übrigens jedem Mann, der zugegen ist, wenn der freudig Nachschub kaufen wollenden Begleitung im Laden gesagt wird, dass exakt die Modellreihe eingestellt wurde, ganz schnell Deckung oder das Weite zu suchen …

FALKE
Pure Matt 50

California Roll

SUSHI

Sushi ist die perfekte Nahrung für Frauen!
Es ist nahezu kalorienlos, fast fettfrei (neudeutsch: low/no fat), es schmeckt köstlich, sieht wunderschön aus und hat nach wie vor einen recht exklusiven Status.
Sushi ist nicht nur das Essen der ästhetisch veranlagten Damen, es versprüht auch nach wie vor den Glanz sowohl der weiten als auch der reichen Welt. Niemand geht mehr zum Businesslunch ins Akropolis oder zu Hop Sing, man atmet förmlich die Wall Street, wenn man von kostümtragenden Damen und Herren in Maßanzügen umzingelt in oft reduziert, aber sehr elegant designten Sushibars seine Mittagspause verbringt.
Entscheidet man sich, z.B. ein Kaiten-Sushi-Restaurant zu besuchen, was nichts anderes heißt als „Drehendes Sushi", dann hat man sogar den Eindruck, man würde einer Modenschau beiwohnen, bei der die Speisen die Models sind, die in unterschiedlich bunten (und teuren) „Kleidchen" vor einem über den Laufsteg geschickt werden und aus denen man dann im Vergleich zu den hochpreisigen Haute-Couture-Teilen eher günstig nach Herzenslust bestellen bzw. sich einfach wegnehmen kann, bezahlt werden die Kleider/leeren Schälchen später.
Die westliche Welt hat sich in Form der Stäbchen eine weitere Möglichkeit geschaffen, Eleganz und Geschick beim Verzehr des ohnehin schon äußerst dekorativen Sushi zu beweisen. Wer aber von sich weiß, dass er eher tollpatschig mit den Holzteilen nach den diversen Häppchen stochert und ihnen beim Eintunken in die Sojasauce den Rest gibt, dem sei ein Ablenkungsmanöver nahegelegt, bei dem er die mit Stäbchen essenden Mitmenschen als Barbaren bezeichnen kann, die nichts, aber auch gar nichts von japanischer Traditon verstünden und wohl nicht wüssten, dass Sushi von den Japanern im achten Jahrhundert zur Konservierung von Süßwasserfisch erfunden wurde und seitdem vornehmlich mit den Fingern verzehrt wird!

KIKKOMAN
Sojasauce

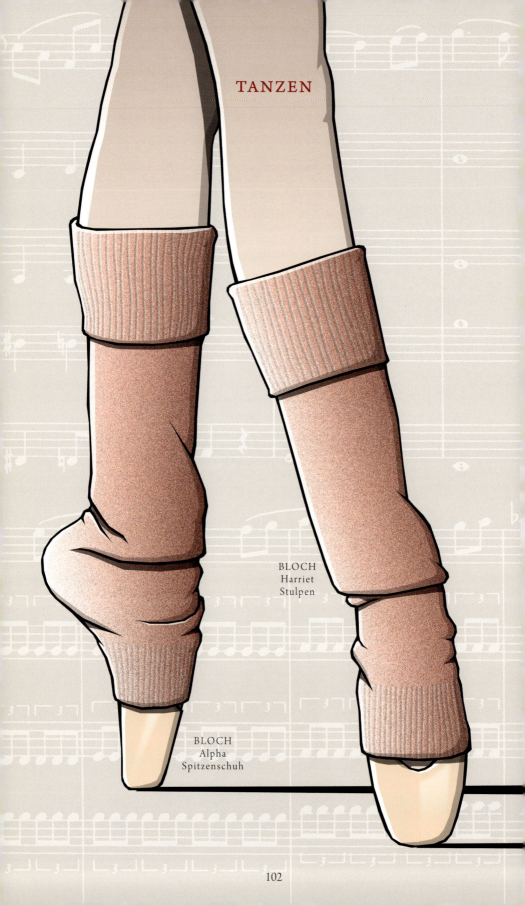

TANZEN

Es war an einem Samstagabend in den Achtzigern im hohen Norden. Es lief „Smalltown Boy" von Bronski Beat, und es zog mich auf die Tanzfläche des Töff Töff, der angesagten Dorfdisco in Leck/Nordfriesland.
Als im Anschluss „I Will Survive" von Gloria Gaynor gespielt wurde, verließ ich fluchtartig die Tanzfläche, wurde aber noch von einer 120-Kilo-Frau in hochhackigen Schuhen mit ihrem Anfangstanzschritt auf meinem rechten großen Zeh erwischt, was zur Folge hatte, dass ich a) ins Krankenhaus durfte, b) seitdem selten bis nie und wenn doch, dann c) sehr bewegungsarm und die Mittänzerinnen aufmerksam beobachtend tanze.
O-Ton von Freund Jan: „Helge, es ist okay, wenn du nicht tanzt – aber mach's nicht AUF der Tanzfläche!"
Warum andere Männer ungern tanzen, weiß ich nicht, ebenso sehr bleibt mir schleierhaft, warum anscheinend alle Frauen immer tanzen wollen, und das paarweise, alleine, sich hübsch im oder unansehnlich aus dem Takt bewegend und stets zu ausgewählter Musik.
Viele Mädchen und zunehmend auch erwachsene Frauen tanzen Ballett, ob die absolute Körperbeherrschung und die auch für Männer anmutig wirkenden Bewegungen die Auslöser sind oder die dazugehörige Kleidung, ist unklar. Von einer Tänzerin erfuhr ich, dass man beim Ballett gleichzeitig schweben und stabiler als jemals sonst auf dem Boden stehen könne.
Wenn es um Paartanz geht, dann ist der Tango ganz oben auf der Beliebtheitsliste – wie mir berichtet wurde, gerade deswegen, weil die Frau vom Mann geführt wird, sich im wahrsten Sinne des Wortes fallen lassen kann und ein im normalen Leben seltenes absolutes Vertrauen Voraussetzung ist.
Zeitgleich zu meinem nordfriesischen Debakel trafen sich auf der Ostberliner Museumsinsel regelmäßig Tanzliebhaber zum Mondscheinball. Es war vermutlich die einzige nicht genehmigte Großversammlung in der ehemaligen DDR, die nicht von der Polizei auseinandergeknüppelt wurde – Tanzen kann eben wirklich märchenhaft sein!
Falls Sie, weniger romantisch, aber enorm befreiend, die frische, aber schon komplett (!?!) verarbeitete Trennung von Ihrem nun nicht mehr Liebsten durch einen wilden Tanz zu – genau – „I Will Survive" der Welt zeigen möchten, dann achten Sie doch bitte auf verträumt herumtanzende Männer. Jeder von denen, den Sie abschießen, ist für die Ewigkeit als eventueller Tanzpartner verloren ...

COMME IL FAUT
Tangoschuh

TEE

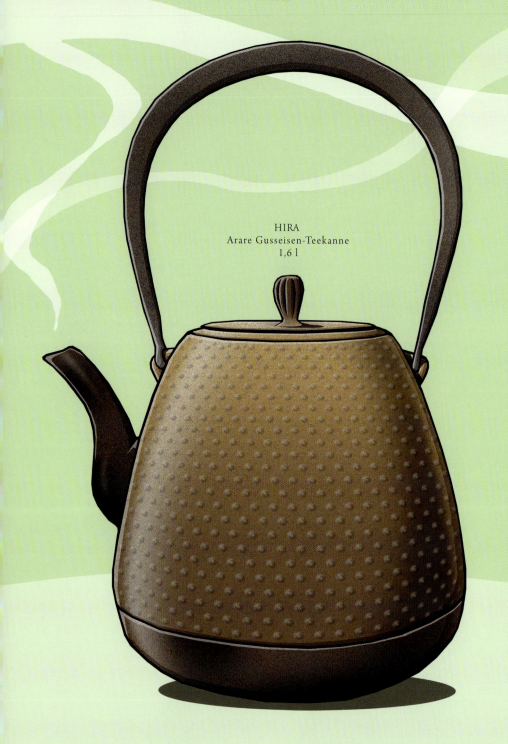

HIRA
Arare Gusseisen-Teekanne
1,6 l

TEE

Abwarten und Tee trinken – oder auch Teetrinken und Abwarten.
Schon in diesen Sätzen steckt die Gemütlichkeit, die den Tee vom eher hektisch getrunkenen Männergetränk Espresso heftigst unterscheidet.
„Komm, wir treffen uns auf einen Tee!" steht synonym für ausgedehnte Gespräche, während der kleine Schwarze gerade mal für ein „Hallo!" und ein „Bis die Tage!" reicht. Tee ist sozusagen das Gegenteil eines Businessgetränks mit dementsprechend eher privaten Konversationsinhalten, die gemeinsame Tasse ist die Versicherung einer Frauenfreundschaft und entspricht dem Kneipenbier bei Männern. Frauen allerdings trinken den Tee mit der besten Freundin lieber daheim in intimer Atmosphäre, denn allein die geradezu untechnische Zubereitung des Getränks macht es für viele Frauen attraktiv. Es gilt, einen Kessel aufzusetzen, die Teekanne mit heißem Wasser vorzuwärmen und dann ein Tee-Ei oder Teesieb mit dem Teepulver zu füllen, dieses für eine bestimmte Zeit im nicht mehr kochenden Wasser ziehen zu lassen (je kürzer die Ziehzeit, desto anregender) und schließlich den Tee in meist wunderschöne Tassen zu gießen. Das hat – auch außerhalb des Fernen Ostens – etwas von einer Zeremonie, die allein schon beruhigt, was bedeutet, dass Tee durchaus bereits vor dem Trinken ein Wohlgefühl verursacht.
Frauen trinken aber auch viel Tee, um sich möglichst viel Flüssigkeit zuzuführen und es in puncto Gesundheit den Topmodels gleichzutun.
Wem die beschriebene Zubereitung zu aufwendig ist, dem seien die in kleinen Leinensäckchen (!) angebotenen Teebeutel aus dem Hause KUSMI zu empfehlen, die wahrlich köstliche Tees bescheren und nicht ausschließlich zum ostfriesischen Teebeutelweitwurf geeignet sind.
Der klassische Earl Grey, der zum Fünf-Uhr-Tee neben Scones, Clotted Cream und Gurkensandwiches traditionell in Großbritannien genossen wird, ist mittlerweile etwas in den Hintergrund getreten.
Wie bei allem, was mit Nahrung zu tun hat, schwappen auch im Bereich Tee alle Jahre wieder neue, für oft kurze Zeit sehr angesagte Teesorten auf den Markt, wie z.B. der besonders schön machende weiße Tee.
Heute vertreiben Kräuter- und Früchtetees den schwarzen Tee – und schon bei Klassenfahrten in den Siebzigern standen Hagebutten- und Pfefferminztee als oft einzige Getränke auf dem Frühstückstisch.
Die frische Minze und der Yogi-Tee hielten erst in den frühen 2000ern ihren Siegeszug, die Chai-Latte ist der wohl neueste und auch hippste Vertreter des heißen Aufgussgetränks, wir warten freudig auf die Nachfolger.

KUSMI TEA
Grüner Tee
Ingwer-Limone

TRENCHCOAT

BURBERRY
London Military Red Short Trenchcoat
2010

TRENCHCOAT

Schon in den Schützengräben des Ersten Weltkrieges war der von Thomas Burberry erfundene Trenchcoat der Renner der Saison, sorgte er doch bei den Soldaten, die sowieso schon kein leichtes und oft auch kein langes Leben hatten, dafür, dass sie die meist sinnlosen Scharmützel wenigstens einigermaßen trocken erledigen konnten.
Humphrey Bogart als Rick Blaine in Casablanca, Peter Sellers als Inspektor Clouseau in den Pink-Panther-Filmen und später Peter Falk als Columbo hätten eigentlich dafür sorgen müssen, dass der militärisch vorbelastete Mantel ein reines Männerding bleibt.
Dem ist aber nicht so. Vielleicht ist es die heimliche Liebe zu Uniformen, die Frauen zu ebenfalls großen Freunden des Trenchcoats machte.
Vielleicht ist es auch die körperbetonende Silhouette, die man tatsächlich eher an Frauen sieht, da Männer die Mäntel oft geöffnet tragen und somit den Gürtel nicht wie die Frauen zur Anzeige einer schlanken Taille nutzen. Es mag auch sein, dass der Trenchcoat ein Klassiker ist, der, wenn man ihn tragen kann, ein überall einsetzbares Kleidungsstück ist.
Er ist gleichermaßen sportlich wie elegant und funktioniert über dem Abendkleid so gut wie zur Jeans oder dem Blümchenkleid, man ist stets gut angezogen.
Dass gerade die Mäntel aus dem Hause des Erfinders lebenslang halten und man im Grunde nur einmal recht tief in die Tasche greifen muss, macht sie noch interessanter.
Dass die Trenchcoats mitnichten angestaubt und auf ewig gleich geschnitten daherkommen, ist einer Radikalkur durch den britischen Designer Christopher Bailey zu verdanken, der seit 2001 der Chefgestalter bei Burberry ist und wirklich im Halbjahrestakt spannende Variationen des Klassikers schuf, in denen sich dann sehr junge Damen wie z. B. Emma Watson, die Hermine an Harry Potters Seite, sehr gerne zu Werbezwecken ablichten lassen.
Meine Spielzeugberaterin, größter Fan des Designers, träumt davon, bei kommenden Vertragsverhandlungen die Klausel „Dienstfahrzeug" durch „Den-jeweils-neuesten-Burberry-Prorsum-Mantel-von-Christopher-Bailey" auszutauschen und hat auch schon Erfolgsboni noch vor dem Eintrudeln des Schecks in einen neuen Trenchcoat umgewandelt. Die Komplimente, die es dann für das augenbetonende Petrol des Mantels gehagelt hat, hätten die eintausend bis zweitausend Euros, die Burberrys kosten können, gefühlt zu einem Schnäppchenpreis reduziert.

BURBERRY
London Military Short Trenchcoat
2010

UHR

Neulich hörte ich den Satz, selbst eine kaputte Uhr gehe zweimal am Tag richtig! Und verstand ihn nicht, bis mir ein Schlaufuchs erklärte, dass die Uhr richtig kaputt sein muss, also gar nicht mehr geht. Und dann funktioniert's, egal bei welcher Uhrzeit die Zeiger den Geist aufgaben.
Womit wir mitten im Thema wären: Ich schaute dereinst auf eine kleine, feine, anscheinend sehr alte güldene Uhr am Arm einer bezaubernden Dame, betrachtete sie lobend ausgiebig und stellte plötzlich fest, dass sie drei Stunden und achtzehn Minuten nachging! Auf mein „Oh ... die ist wohl stehengeblieben!" gab's ein lapidares „Weiß ich, muss so ca. 1957 gewesen sein!" zur Antwort. Ergänzt durch ein „Ich hab doch die Uhrzeit auf dem Handy!".
Mir wurde schlagartig bewusst, dass es in der Frauenwelt zwar durchaus praktisch ist, die Uhrzeit von einem Ziffernblatt ablesen zu können, es aber nicht unbedingt der Grund ist, eine Uhr zu tragen.
Im Falle der oben erwähnten Uhr handelte es sich um ein Erbstück, das, wie ich unbeachtet versicherte, wertvoll genug sei, um ein paar Euros in die Reparatur zu investieren, das aber nur aus modischen und nostalgischen Gründen getragen wurde.
Neben den kleinen, oft antiken Schätzchen verbreitet sich mehr und mehr das Tragen riesig großer Uhren, wie sie z.B. die Uhrenschmieden von IWC oder Panerai verlassen, deren Gehäuse oft breiter sind als das Handgelenk der Trägerin. Damit ist neben dem Voll-im-Trend-Sein auch ganztägiges „Hanteltraining" gewährleistet, und oft hagelt es für die großen Uhren auch mehr Komplimente von Männern.
Uhren sind aber auch für Frauen Statussymbole, mit einer exklusiven Uhr am Arm werden sie gerade als Entscheidungsträgerinnen noch ernster genommen.
Viele Frauen legen daher auch – genau wie Männer – Wert auf klassischen Look und ebensolche Wertarbeit. So ist die selbstgekaufte oder geschenkt bekommene Jaeger-LeCoultre oder Rolex oft gleichermaßen heißgeliebter Schmuck und Erbstück Nummer eins für den lieben Nachwuchs – mit oder ohne funktionierendem Uhrwerk ...

GUCCI
Chiodo
Edelstahl poliert
2010

VIBRATOR

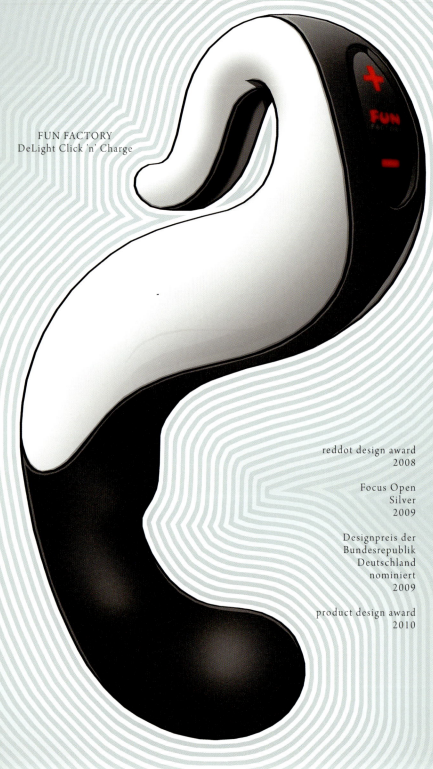

FUN FACTORY
DeLight Click 'n' Charge

reddot design award
2008

Focus Open
Silver
2009

Designpreis der
Bundesrepublik
Deutschland
nominiert
2009

product design award
2010

VIBRATOR

Der Satz, den ich von meinen durch die Bank chauvinistischen Machofreunden hörte, als ich davon sprach, ein Buch über Frauenspielzeug zu machen, war: „128 Seiten Dildos??? Das kauft doch kein Mensch, wenn nicht direkt Bestellnummern mit abgedruckt sind!"
Der Satz, den ich am zweithäufigsten, durch die Bank von Freundinnen aus dem näheren Umfeld, hörte, war: „Och nö, da fragst du lieber jemand anders. Meinst du denn, das muss rein?"
Ja. Muss es. Für die eine Hälfte Frauen.
Denn selten habe ich solch eine klare Grenze gesehen, entweder man ist geradewegs nicht lebensfähig ohne Vibrator, oder es gibt neben Fußpilz nichts Unwichtigeres als ebenjene Lustkolben.
„Sex And The City" hat zwar Pionierarbeit allerfeinsten Kalibers geleistet und den Vibrator aus der Tuschelecke herausgeholt und ihn sozusagen hoffähig gemacht, was aber eben noch lange nicht bedeutet, dass alle Frauen ihn jetzt auch benutzen möchten.
Das abgebildete Exemplar übrigens sorgte für Verwirrung, meist wurde es als Vibrator überhaupt nicht erkannt! Was ihm dann wohl auch den Weg für den Red Dot Design Award 2008, den Product Design Award 2009, den Focus Open in Silber 2009 und eine Nominierung für den Designpreis der Bundesrepublik Deutschland 2009 ebnete.
Dass die Hersteller ihn DeLight Click 'n' Charge nannten, hat sicher auch geholfen. Ob die ehrwürdige Bundesrepublik Deutschland für den Designpreis Objekte zugelassen hätte, die Little Fellow Dong, Prince Of Namibia, Jolly Buttcock, Decadence G-Spot, Bottle Rocket, Shiny Slick Lavender, Titanman oder Silvia-Saint G-Lover heißen, ist fraglich.
Eines haben laut Befürworterfraktion, die ihren Vibratoren gerne auch private Namen gibt, alle gemeinsam – sie können immer. Und mehrmals. Und stellen im Anschluss nicht die rhetorisch gemeinte Frage „War ich gut?".
Da ich abschließend nicht wirklich wissen möchte, wofür eine Oralcreme tatsächlich gut ist, empfehle ich für die unten abgebildeten Produkte die altbekannte Regel: morgens Mystical Mint, abends Wild Cherry ...

DOC JOHNSON
Oral Delight Gel

WÄRMFLASCHE

„Hunger, Pipi, kalt – so sind Frauen halt!" sagt der Volksmund.
Und ja: Frauen frieren. Und haben kalte Füße. Nicht immer, aber garantiert zur Bettgehzeit, weswegen in Haushalten sowohl mit als auch ohne Mann die gute alte Wärmflasche hervorragende Dienste leistet!
Mir ist es unbegreiflich, wie Frauen in den ca. 0,5 Sekunden vom Sockenausziehen bis zum Unter-die-Bettdecke-Schlüpfen kalte Füßchen bekommen können und warum es notwendig ist, für die maximal sieben Sekunden dauernde Strecke vom Bett zum Bad erneut in die Strümpfe zu steigen, aber tatsächlich: Nachher sind die Füße wirklich kalt! Das hat wohl jeder Mann im wahrsten Sinne des Wortes schon am eigenen Leibe gespürt.
Aber wie gesagt, alternativ zum Mann gibt es die Wärmflasche.
Nicht mehr wie zu Omas Zeiten Ungetüme aus Gusseisen, die schon ohne das heiße Wasser mehrere Tonnen zu wiegen schienen, sondern aus Gummi, in allen möglichen Farben und fast auch Formen, mit Stoffummantelung oder blanko, aber immer mit einem möglichst fest zu verschraubenden Wassereinlass. Denn wie schnell heißes Wasser kalt wird, weiß jeder, der den Deckel eben nicht ordentlich verschloss, vorsorglich zehn Minuten vor dem Schlafengehen die Wärmflasche deponierte und schließlich mit viel Vorfreude auf kuschelige Wärme in ein eklig klatschnasskaltes Bett stieg.
Nicht zu vergessen ist die einmalige Linderung, die die ausströmende Hitze bei den monatlich auftauchenden Unterleibsbeschwerden bewirkt.
Meine Spielzeugberaterin übrigens verdankt der Wärmflasche eine recht seltsam anmutende, weil angenehme Empfindung beim Geruch von Mottenkugeln! Stiefelte sie doch dereinst durch die verregneten, saukalten Berge Burmas, erreichte schließlich triefnass ihr Quartier, in dem eine in Leinen eingewickelte Wärmflasche nicht nur das Bett herrlich vorwärmte, sondern auch den an sich unangenehmen Mottenkugelduft zum in jenem Moment schönsten Geruch der ganzen Welt machte!
Und im Hause einer Bekannten gibt es die schöne Sitte, Plüschwärmflasche „Robbi" nur dann zum Einsatz zu bringen, wenn der liebe Nachwuchs wirklich krank ist, was prompt eine kleine Verbesserung des Gesundheitszustandes bewirkt und somit völlig zu Recht als Tipptopp-Muttertrick bezeichnet werden kann.
Solche und ähnliche Erlebnisse führen – für mich mittlerweile nachvollziehbar – viele Frauen zu der todernst gemeinten Aussage, dass sie ohne ihre Wärmflasche nicht leben könnten!

SANITY
Wärmflasche
2 l

WASSER

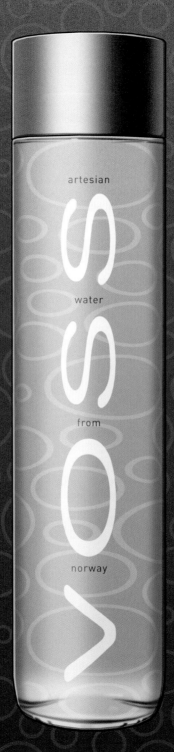

VOSS
Mineralwasser,
Norwegen
Design: Calvin Klein

WASSER

Gesunde Menschen können zwischen dreißig und zweihundert (!) Tagen ohne feste Nahrung überleben, wenn sie genügend Wasser trinken.
Tun sie das nicht, so ist nach drei bis vier Tagen Schluss.
Der Wassergehalt bei Menschen schwankt zwischen siebzig Prozent (stark Untergewichtige) und fünfundvierzig Prozent (stark Übergewichtige), macht also im Normalfall mehr als die Hälfte des Körpergewichts aus.
Wasser ist also lebensnotwendig und somit sehr gesund.
Deswegen soll man viel davon trinken, denn es macht auch noch schön, glättet Falten, reinigt und hat absolut keine Kalorien.
Kein Wunder, dass es das Lieblingsgetränk der Models ist, die seit ein paar Jahren auch gerne mal auf einem roten Teppich 0,5 Liter Evian zu drei Quadratmetern Gaultier tragen. Bzw. neuerdings 0,5 Liter Evian von Gaultier zu drei Quadratmetern Gaultier, denn immer mehr namhafte Designer geben dem kühlen Nass eine neue Verpackung.
Trägt die Businessfrau ein Wasserfläschchen bei sich, signalisiert sie gleichermaßen ihren Sinn für gesunde Ernährung, Diszipliniertheit ihrem Körper gegenüber und dass sie so viel arbeitet, dass nicht einmal eine anständige Trinkpause drin ist.
Wasser sei nicht gleich Wasser, behaupten die Gourmets dieser Welt – und legen gerne die 124 Euro auf den Tisch, wenn sie zuvor einen Liter japanisches Rokko No Mizu genossen haben.
Andere, unter ihnen tatsächlich massenhaft Ärzte, schwören auf das vielgelobte deutsche Leitungswasser, das in einem Glas vor einem stehend im Gegensatz zum gechlorten Wasser in den USA nicht den olfaktorischen Impuls „Schwimmhalle" aussendet. Gott sei Dank!
Und ähnlich wie in anderen Bereichen scheint es Jahr für Jahr ein „It-Water" zu geben, das man unbedingt allen anderen vorziehen muss, will man auch wassertechnisch am Puls der Zeit sein. Die meisten Frauen bevorzugen eher nicht extrem kohlensäurehaltiges Wasser, da sie a) mehr von dem stillen Wasser trinken können und so dem Dehydrieren massivst entgegenwirken und man b) nach dem Genuss nicht so viel davon hört, denn Rülpser sind – Gesundheit hin oder her – unfein!
Als exotische Variante sei noch Aqua Luna erwähnt, bei Vollmond abgefülltes Wasser. Aqua Luna. Soso. Die Engländer nennen ihre Verrückten auch gerne Lunatics, das aber nur nebenbei und wertfrei erwähnt ...

EVIAN
Mineralwasser
Jean Paul Gaultier
Special Edition

WIMPERN

SHU UEMURA
Wimpernzange

WIMPERN

Ein Schlüsselerlebnis der besonderen Art hatte ich bei einem Date mit einer mir bis dahin eher unbekannten Dame, die arg geschminkt war und deren Wimpern mittelgroßen Vögeln durchaus den Flug in den Süden ermöglicht hätten, was allerdings zum massiven Lidstrich passte. Statt eines von ihr erwarteten „Du hast schöne Augen!" (gähn) war mein Kommentar: „Stabilo Point 88 statt Edding 3000 hätte es auch getan!" Die fast schon geheulte Antwort „Das ... das ist Permanent-Make-up ..." beendeten den Abend dann schneller als geahnt.
Schöne Augen sind das, was man als Erstes sehr intensiv wahrnimmt, wahrt man höflicherweise im Gespräch Blickkontakt. Teilweise so schöne Augen, dass sie einen zwingen, den Blick zu senken, weil man es kaum aushält ...
Und dass die ganz besonders hübschen Augen nicht immer völlig naturbelassen sind, lernt der Mann recht schnell.
Mascara betont die Wimpern, indem es sie länger und voluminöser erscheinen lässt, die Wimpernzange zaubert einen verführerischen Schwung hinein, der Millionizer macht aus einer Wimper eine Million davon und künstliche Wimpern (Fake Lashes) erlauben Formen, wie sie trotz aller Hilfsmittel mit der natürlichen Ausstattung nicht zu erreichen sind.
Wer das Wimpernwachstum anregen möchte, der greift neuerdings zu einem Mittelchen, das ursprünglich den Grünen Star bekämpfen sollte, dessen Rezept man aber ohne Augenleiden kaum einem seriösen Arzt aus dem Kreuz leiern kann.
Die Topzeile aus Casablanca übrigens wurde jahrzehntelang falsch übersetzt, nicht Ingrid Bergman sollte in die Augen Humphrey Bogarts schauen („Schau mir in die Augen, Kleines!"), sondern Bogey war von Bergman fasziniert: „Ich schau dir in die Augen, Kleines!"
Apropos Blickkontakt mit erotischer Komponente, Männer sollten stets eines im Kopf behalten:

Wenn Frauen mit den Wimpern klimpern,
dann wollen sie nicht immer pimpern!

VIKTOR & ROLF
für
SHU UEMURA
Falsche Wimpern

ZEITSCHRIFT

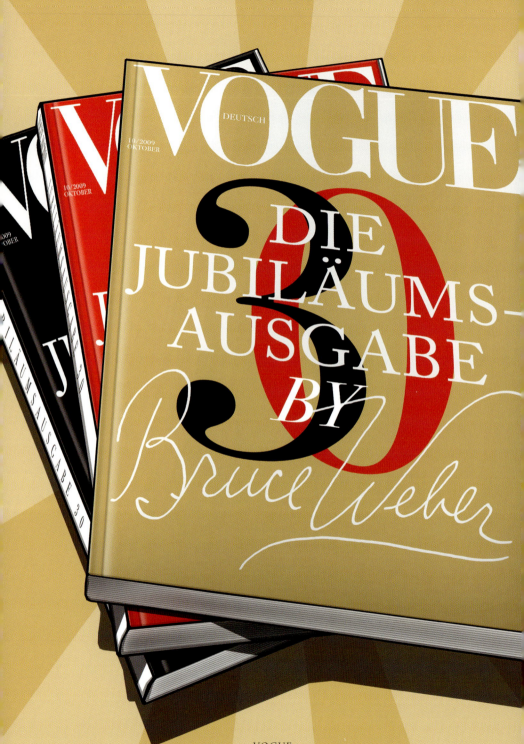

VOGUE
Jubiläumsausgabe 10/2010
Special Cover „Bruce Weber"
118

ZEITSCHRIFT

Zeitschriften befriedigen Klatschbedürfnisse, weswegen selbst Frauen, die sich ansonsten Yellow-Press-Magazine niemals kaufen würden, in unbeobachteten Momenten beim Arzt oder Friseur eben jene schnappen, um sich auf den neuesten Stand in der Welt der Reichen, Schönen und B-Prominenten zu bringen. Selbst ich weiß inzwischen, dass es eine reichlich bevölkerte Parallelwelt gibt, deren Bewohner mir größtenteils fremd sind.
Die aber anscheinend stilprägend sind, denn es wimmelt da nur so an Rubriken à la: In fünf Schritten aussehen wie Name-nie-gelesen-und-sofort-wieder-vergessen.
Diese Art von Presse macht aber nur einen Bruchteil aus und wird von Frauen, die sie alle beisammen haben, genauso amüsiert zur Kenntnis genommen wie von Männern.
Auf der anderen Seite gibt es Magazine, die sich im Hochglanzformat mit Interior Design beschäftigen, wie z. B. die Elle Decoration oder die Ambiente, und die bei entsprechendem Geldbeutel wahrlich schöne Wohnideen zeigen oder Kurztrips in unfassbar teure, aber auch unglaublich schöne Hotels in den Topregionen der Reisewelt empfehlen.
Vogue, Elle und Madame, die Grandes Dames unter den Blättern, haben neben Schminktipps und vorgestellten Kleidern, die sich die wenigsten Leserinnen leisten können, hervorragende Kolumnisten, die mit spitzer Feder Dinge in einer Art beschreiben, für die ein Mann ratzfatz eine sitzen hätte.
Die Interviews in der Vogue haben geradezu Kultstatus, Frauen und Männer sind schon dadurch geadelt, dass mit ihnen ein solches geführt wird, und auch die Kulturtipps in den angesehenen Zeitschriften sind beachtenswert, die Brigitte-Liste mit Buchtipps ist nicht nur bei Frauen hoch angesehen und hat in der Buchbranche einen ähnlichen Stellenwert wie die Spiegel-Bestsellerliste.
Generell wollen Frauen den Inhalt einer Zeitschrift schnell erfassen können, bestenfalls beim Daumenkinoblättern von hinten, weswegen die zahllosen Duftpröbchen und eingelegten Werbungen nicht bei jederfrau beliebt sind.
Wie sehr Magazine auf Frauen zugeschnitten sind, sieht man spätestens an den üblichen Aboprämien: Glätteisen, Handtaschen, Schminkköfferchen, Kosmetika, Modeaccessoires oder den abgebildeten goldenen USB-Stick würde man im Kicker sicher nicht finden ...

VOGUE
„BANK OF MEMORY"
Abo-Prämie
2 GB Memory Stick

SCHLUSSWORTE

Wenn Männer sich mit ihrem Kopf beschäftigen, nennt man das denken.
Wenn Frauen das Gleiche tun, heißt das frisieren.

ANNA MAGNANI

Der Pullover einer Frau sitzt richtig,
wenn die Männer nicht mehr atmen können.

ZSA ZSA GABOR

Dass die Frauen das letzte Wort haben, beruht hauptsächlich darauf,
dass den Männern nichts mehr einfällt.

HANNE WIEDER

TEST: WIE VIEL FRAU BIN ICH?

NACHNAME, NAME: ....

AUTOMOBIL: Das wichtigste technische Detail eines Autos ist
    - die Farbe .... ☐
    - der Motor .... ☐

BADEWANNE: In meiner Badewanne bin ich
    - Kapitän .... ☐
    - sehr, sehr lange .... ☐

BUCH: Am Wochenende freue ich mich auf die Lektüre
    - meiner alten Superman-Comics .... ☐
    - des neuen Romans von Haruki Marukami .... ☐

BLUME: Meine absolute Lieblingsblume ist
    - die Strelitzie .... ☐
    - aus Plastik .... ☐
    - die (Name) .... ☐

DESSOUS: Ich trage Dessous ausschließlich
    - als Schutz vor Nässe und Kälte .... ☐
    - für mich und meinen Partner .... ☐

DIAMANT: Hochkarätige Diamanten sind
    - super für einen glasklaren Schallplattenklang .... ☐
    - A Girls Best Friends .... ☐

FAHRRAD: Mein Fahrrad hat
    - zwölf Gänge .... ☐
    - diesen wunderhübschen Brooks-Sattel .... ☐

HAARE: Meine Haare
    - schneide ich morgen ab, ich schwöre! .... ☐
    - finde ich ganz ganz toll! .... ☐

IKEA: Bei Ikea kaufe ich am liebsten
    - Kerzen .... ☐
    - Hot Dogs .... ☐
    - Möbel .... ☐

KREDITKARTE: Meine Kreditkarte
    - nutze ich eher selten .... ☐
    - glüht noch von heute Nachmittag .... ☐

LAPTOP: Mein Laptop hat
    - ein sagenhaft schönes Case aus Nubukleder .... ☐
    - einen 4-GB-Arbeitsspeicher .... ☐

MANIKÜRE: Meine Fingernägel
    - kaue ich ganztägig .... ☐
    - lackiere ich umgehend .... ☐

MOBILTELEFON: Mein Mobiltelefon hat unendlich viele
    - Spiele integriert .... ☐
    - Freiminuten in alle Netze .... ☐
    - Macken und Dellen .... ☐

PORTEMONNAIE: In meinem Portemonnaie bewahre ich mein ganzes
    - Bargeld auf .... ☐
    - Leben auf .... ☐

TEST: WIE VIEL FRAU BIN ICH?

SCHAL: Mein wundervoller Schal aus reiner Kaschmirwolle
- ist sehr praktisch bei Halsschmerzen .... ☐
- passt hervorragend zu meinen Augen .... ☐

SCHAUMWEIN: Mein Lieblingssekt/-champagner ist
- (Name) .... ☐
- leider zu teuer für mich .... ☐

SCHOKOLADE: Schokolade macht
- dick .... ☐
- glücklich .... ☐

SCHUHE: Schuhe habe ich
- viel zu wenige .... ☐
- eindeutig zu viele .... ☐

SPIELFILM: Weinen muss ich immer bei den Filmsätzen
„Mein Baby gehört zu mir!" .... ☐
„Hasta la vista, Baby!" .... ☐
„Wo ist der Kater?" .... ☐

SONNENBRILLE: Meine Sonnenbrille
- trage ich als Schutz gegen UV-Strahlen .... ☐
- trage ich .... ☐

SUSHI: Sushi ist für mich
- sehr dekorativ anzuschauen .... ☐
- kein Steak-Ersatz .... ☐

TANZEN: Von meinem Partner wünsche ich mir, dass er
- sehr oft mit mir tanzt .... ☐
- mich samstags mit ins Stadion nimmt .... ☐

AUSWERTUNG

(Bitte zählen Sie dafür die Kreuze in den roten Kästchen zusammen.)

0-7 Sie sollten dringend einen Facharzt aufsuchen, etwas stimmt nicht mit Ihnen!

8-14 Es ist noch nicht alles verloren, werden Sie etwas lockerer. Das wird schon!

15-20 Sie sind eine Frau, die weiß, was sie will. Weiter so!

21-26 Sie sind eine Frau, die weiß, was sie will, UND die entweder einen hochdotierten Spitzenjob oder ein ausgezeichnetes Händchen im Umgang mit Aktien hat. Bravo!

NOTIZEN

NOTIZEN

NOTIZEN

DANKE

Mein herzlichstes Dankeschön geht an Kiki Pakusch, Julia Giordano, Nina Arrowsmith, Diana Widjajasaputra und Ulla Mothes für hervorragende Betreuung und unbezahlbare Einblicke in die wundersame Welt der Frauen nebst ihren Spielzeugen.

INDEX/ABBILDUNGEN

7 For All Mankind 38
Agent Provocateur 21
American Express 46
Apple iPhone 60
Apple iPod 64
Bethge 77
Birkenstock 35
Blahnik, Manolo 94
Bloch 102
Brands4friends 51
Burberry 106, 107
Caran D'Ache 96
Chanel 45, 52, 55, 68, 70
Citizens Of Humanity 38
Comme Il Faut 103
Dell 50
Diesel 38
Doc Johnson 111
Dom Pérignon 84
Duravit „Philippe Starck" 10
Etro 82
Evian 115
Falke 99
Filofax 67
Freiwild 60
Fun Factory 110
G-Star 38
Gail's Paperdolls 80, 81
Gazelle 24, 25
Gensler 63
GHV 30
Gucci 69, 109
H&M 44
Hansgrohe „Philippe Starck" 10
Hello Kitty 112
Hermès 34
Hira 104
Hoffmann und Campe 17
Hudson 38
Ikea 36, 37
Inox 18/10 49
Insel Verlag 16
Ittala Kivi 43
Jaeger-LeCoultre 108
Jensen, Georg 13
Karmann Ghia 9
Kent for Guhl 31
Kikkoman 101
Kitchen Aid 48
Kusmi Tea 105

La Mer 18
La Perla 20
Lagerfeld, Karl 44
Lala Berlin 83
Lang, Volker 76
Lapis Vitalis 56
Levi's 38, 39
Louboutin, Christian 88, 89
Meissen 78, 79
Milka 87
Mini Cooper 8
Möve 10
Montblanc 97
Mytheresa 51
Nespresso 58
Nivea 19
Oliver Peoples 90
Optima 74
Passier 72
Perfect Care 29
Piripicchio 28
Ray Ban 91
Ren 11
Ricci, Nina 69
Rich 85
Rich & Skinny 38
Ritter Sport 87
Robbe & Berking 12
Rock & Republic 38
Sanity 113
Schoeffel 71
Shu Uemura 116, 117
Smythson Of Bond Street 33, 66
Sony 65
Tiffany 23
Trixie 29
True Religion 38
Trust Beachwalker 10
Tubby Paws 40
Ugg Australia 95
Vertu 61
Vespa 62
Viktor & Rolf 117
VISA 47
Vogue 10, 118, 119
Voss 114
Wolford 98
Yoox 51
YSL (Yves Saint Laurent) 54